AMV

David Broome

Springreiter aus Leidenschaft

In Zusammenarbeit mit Genevieve Murphy
Mit 13 Photos auf Kunstdrucktafeln

Albert Müller Verlag
Rüschlikon-Zürich · Stuttgart · Wien

Aus dem Englischen übersetzt von Sigrid Eicher. – Titel des englischen Originals: «Jump-Off», erschienen bei Stanley Paul, London.
ISBN 3275004948. – 1/5-73. – Printed in Switzerland.

Kapitelfolge

1

Drei völlig verschiedene Ponys

Lampenfieber habe ich auch vor größeren Springprüfungen nur selten gehabt, aber vor dem Finale der Springreiter-Weltmeisterschaft in La Baule wurde ich langsam zum Nervenbündel. Zwischen den Qualifikationen und dem Finale lagen zwei Tage – und drei Nächte –, und die ganze Zeit konnte ich an nichts anderes denken. Im ganzen Leben bin ich nicht so viel gesprungen wie damals im Traum.

Jetzt, nach meinem Sieg, finde ich den Titel eigentlich ein bißchen aufgeblasen. Für mein Gefühl habe ich eine ziemlich große Prüfung mit einem sehr bedeutenden Titel gewonnen, nichts weiter. In unserem Sport haben Meisterehren nur vierundzwanzig Stunden Bestand, aus dem einfachen Grund, weil auch Spitzenreiter ebenso oft ins Pech reiten wie ins Glück – meist sogar öfter. Mir wird in den vier Jahren, während welchen ich den Weltmeistertitel trage, mein Teil Mißerfolg auch nicht erspart bleiben, und dann ist ein solcher Titel eher peinlich.

Vor dem Finale in La Baule schien der Sieg ungeheuer wichtig. Wir vier Finalisten sollten unser eigenes Pferd und die Pferde unserer Konkurrenten reiten, und wir wußten alle vier – Harvey Smith, Alwin Schockemöhle, Graziano Mancinelli und ich –, daß unser Erfolg davon abhing, wie gut wir uns mit den anderen Pferden verstehen würden.

Wenn ich zurückdenke, kommt es mir fast so vor, als hätte ich mich mein ganzes Leben lang auf diese Gelegenheit vorbereitet. Ich habe Pferde und Ponys aller Größen und Arten geritten. Schon die drei Ponys, mit denen ich in Juniorenprüfungen startete, waren voneinander völlig verschieden. Eines war ein reaktionsschnelles kleines Tier mit viel Blut, eines ein gedrungenes Wagenpferd mit kupiertem Schweif, ein Cob, und das dritte war ein ziemlich hirnloser Fuchs. Alle drei sprangen einen eigenen Stil, und wahrscheinlich wurde es mir schon damals zur zweiten Natur, meine Reitweise meinem jeweiligen Pferd anzupassen.

Mein Leben im Sattel hatte allerdings schon lange vor dem Auftauchen dieser Juniorenpferde begonnen. Mit zweieinhalb setzte man mich zum erstenmal auf Biddy, das Familienshettie. Mein Vater hatte eine Art Geschirr für mich gebastelt, damit ich nicht hinunterfallen konnte, aber ich kann mich an nichts mehr erinnern, nicht einmal an das Pony.

Den ersten Sprung meines Lebens verdanke ich Beauty. Ich war damals sieben und hatte schon einige Pferde geritten, als mich mein Vater zu einer kleinen Jagd nach Dewstow mitnahm. Im Verlauf des Tages stand ich vor der Wahl, entweder über einen gut meterhohen Zaun in ein Gehölz zu springen oder einen Umweg von etwa einem Kilometer in Kauf zu nehmen. Mehr aus Bequemlichkeit als aus Angabe schlug ich mit meinem Pony von 1,14 m Stockmaß den direkten Weg über den Zaun ein. An dieses Ereignis erinnere ich mich noch ganz deutlich. Es machte mich zwar nicht auf der Stelle zum Springenthusiasten, aber ich hatte doch ein ganz sicheres Gefühl dabei und war natürlich auch nicht wenig stolz auf mich. Und mein Vater, der sich in Gedanken schon die Reste einsammeln sah, fühlte sich sichtlich erleichtert.

Mit neun ritt ich mein erstes Springen und erlangte gleich

eine Art Lokalberühmtheit, weil mein Foto in der Zeitung erschien. Leider zeigte es mich keineswegs beim Empfang eines riesigen Pokals, sondern vielmehr bei einem Sturz. Das Pferd hieß Coffee und war eine Connemara-Stute mit 1,34 m Stockmaß. Wenn sie wollte, konnte sie wirklich springen, aber sie konnte auch sehr gut bremsen, wenn ihr danach zumute war.

Bei dieser Gelegenheit hatte sie eigentlich nichts Böses getan. Über die ersten drei oder vier Sprünge blieben wir zusammen, aber vor einer Mauer (die zwischen 1,10 m und 1,20 m hoch und von erschreckender Buntheit war) wurde die Stute immer kürzer. Ich lehnte mich zurück, und als sie landete, war ich an einem ganz falschen Platz. Allerdings nicht sehr lange, dann katapultierte mich der Aufprall wie einen Gummiball über die Pferdeohren.

Soweit ich mich erinnere, schreckte mich dieses Ereignis in keiner Weise ab, obwohl ich im Vergleich zu meiner Schwester Elizabeth alles andere als ein passionierter Reiter war. Für sie gab es nichts Schöneres, als von früh bis abends im Stall zu sein. Ich ritt zwar gern, aber im übrigen hielt sich meine Begeisterung für körperliche Anstrengungen in Grenzen. In bezug auf Stallarbeit scheint überhaupt ein enormer Unterschied zwischen Mädchen und Jungen zu bestehen, und bei uns war es wie überall. Ich war der Junge und entsprechend faul.

Wirklich genau nahm mein Vater es nur, wenn wir von einer Jagd zurückkehrten. Wir mochten noch so durchfroren, hungrig und naß sein – erst mußten wir die Ponys versorgen. Sie mußten trocken sein und ihr Wasser und Futter haben. Da sie nie geschoren wurden, mußten wir sie etwa eine Stunde mit Stroh abreiben, bis sie trocken waren. Ich fand das zwar keineswegs lustig, kam aber nicht darum herum.

Meine Springreiterkarriere begann eigentlich erst, als Vater für 60 Pfund einen Fuchs namens Ballan Lad mit 1,14 m Stockmaß kaufte. Als Dreijährigen hatten wir ihn einige Male springen sehen, und Vater hatte festgestellt, daß er Talent besaß, obwohl dieses Talent von der Tatsache etwas überschattet wurde, daß er sich bolzengerade auf die Hinterbeine zu erheben pflegte, wenn er in den Parcours kam. Hatte er vom Steigen genug, raste er wie ein Irrer davon. Er hatte viel Blut und war sehr schnell.
Wir kauften Ballan Lad im Winter; im August des folgenden Jahres fing ich an, ihn in Juniorenprüfungen zu reiten. Ich kann mich nicht erinnern, daß er je mit mir gestiegen wäre, aber ich weiß noch, daß er innerhalb von vier Turnieren vom absolut grünen Anfänger bis zur Spitzenklasse vorstieß. Manchmal schien er geradezu unfehlbar: es gab Zeiten, da er achtzig oder neunzig Sprünge absolvierte ohne einen einzigen Fehler.
Als wir Ballan Lad ungefähr ein Jahr hatten, fuhr ich mit meinen Eltern nach Andoversford, um einen kupierten Cob auszuprobieren. Damals gehörte er Jeff Bayes, aber zuvor hatte Chocolate einen Milchwagen gezogen, und wenn er sich besser angestellt hätte, wäre er wohl sein ganzes Leben dabei geblieben. Nachdem er aber einigemal mit Wagen, Flaschen und Milchmann durchgegangen war, wurde ihm – verständlicherweise – von der Molkerei gekündigt. Wenn Jeff Bayes nicht entdeckt hätte, daß er springen konnte, wäre er wahrscheinlich getötet worden.
Vermutlich weil mein Vater damals ebenfalls einen kupierten Cob als Springpferd hatte, sagte Jeff eines Tages zu ihm: «Ich habe da ein Superpony, das wirklich springen kann. Vielleicht wäre das was für deinen Jungen. Kommt doch mal rüber und probiert es aus.» Also fuhren wir hin.

Wir merkten bald, daß Jeff nicht übertrieben hatte: Chocolate konnte tatsächlich springen. Ich ritt ihn auf dem Springplatz hinter dem Hotel Andoversford, wo einige riesige Hindernisse aufgebaut waren: der Cob segelte nur so darüber weg. Zum Schluß sprangen wir bestimmt 1,50 m, und Chocolate, der selbst nur 1,43 m hoch war, nahm sie immer noch mühelos. Ich verliebte mich auf der Stelle in ihn. Meine Mutter ebenfalls. Trotzdem kehrten wir ohne ihn zurück, weil mein Vater die geforderten 80 Pfund nicht bezahlen wollte, denn das war für die damalige Zeit eine Menge Geld.

Auf dem Heimweg probierten wir noch ein anderes Pony, das nicht annährend die Fähigkeiten von Chocolate besaß. Das brachte uns nur noch mehr zum Bewußtsein, wie außergewöhnlich begabt Chocolate war. Schließlich handelte Vater den Preis auf 60 Pfund herunter – immer noch ein ansehnlicher Betrag, aber er hatte das Gefühl, daß Chocolate ihn wert war. Damals war er erst vier und noch nie öffentlich gezeigt worden, doch wir wußten, daß er über ein enormes Springvermögen verfügte. Er bewies auch bald, daß er zum Springen besser taugte als zum Milchwagenziehen.

Obwohl Chocolate ein hellwacher kleiner Teufel war, der fast an die Decke sprang, wenn ich aus Versehen etwas fallen ließ, hatte ich nie große Schwierigkeiten, ihn zu halten. Ein einziges Mal ging er mir wirklich durch, und zwar im vierten Stechen an der Barry Show. Er raste unhaltbar mit mir hügelabwärts auf das letzte Hindernis zu, ein Gatter von 1,50 m Höhe. Der Sprung selbst war überhaupt kein Problem. Chocolate nahm sich etwas auf, drückte weit ab und segelte anstandslos hinüber. Damals war ein solches Springvermögen noch viel mehr wert als heute, denn die

Ponys mußten wesentlich höher springen, weil die Zeit keine Rolle spielte. Fast jede Prüfung endete erst nach drei- bis viermaligem Stechen.
Von meinen beiden Ponys war Chocolate das liebenswertere. Ich saß immer auf der Stange am Boxeneingang und redete und schmuste mit ihm, und er mochte das sehr. Ballan Lad dagegen war viel reservierter; er ließ sich eine solche Behandlung zwar gefallen, schien sie aber nie zu genießen. Ihre Art zu springen war so verschieden wie ihr Temperament. Ballan Lad hielt immer sein Tempo und taxierte sehr genau. Er hatte keinen sehr langen Galoppsprung und deshalb manchmal Schwierigkeiten bei Kombinationen, für die er oft zwei kurze Sprünge brauchte statt eines weiten. Chocolate dagegen schaffte die meisten zweifachen Kombinationen in einem großen Galoppsprung. Er war insofern untypisch für seine Rasse, als er ebenso gut aus voller Fahrt wie fast aus dem Stand springen konnte. Später hatten wir noch ein drittes Pony, einen Fuchs, Ballan Nutshell, der wiederum ganz anders war. Er hatte sehr wenig Hirn, und ich mußte das Denken für ihn übernehmen. Ihn ritt ich meist auf sehr altmodische Art, verhielt ihn bis auf drei oder vier Galoppsprünge vor dem Hindernis und legte dann zu.
Ich ritt also drei völlig verschiedene Ponys, und das war der beste Start, den ich mir wünschen konnte. Es gibt wohl kaum viele Reiter, die so früh gezwungen waren, ihre Reitweise so unterschiedlichen Gegebenheiten anzupassen. Es gibt überhaupt nur wenige Länder, in denen Springprüfungen für Ponys stattfinden, denn die meisten haben praktisch gar keine Ponys. In Großbritannien mit seinen verschiedenen Berg- und Moorponyrassen können die Kinder auf Tieren reiten, die zu ihrer Körpergröße

passen. Sie lernen, das Tier zu beherrschen, wie ein Erwachsener sein Pferd beherrscht. Mit einem Pony kann ein Kind unendlich viel anfangen. Es macht jede Bewegung mit, weiß immer, was vorgeht, wogegen ein kleiner Reiter auf einem großen Pferd kaum mehr als ein Passagier sein kann.

Außer unseren eigenen drei Ponys ritt ich auch gelegentlich für fremde Besitzer. So lernte ich den kupierten Cob White Label kennen, der sauer gewesen war, bevor ich ihn zu reiten anfing. Wir betrachteten ihn jedoch bald als geheilt. Ich gewann mit ihm an zwei aufeinanderfolgenden Tagen, und am nächsten Morgen entschloß sich mein Vater, ihn zu kaufen. Ich erinnere mich, daß es eine lange Diskussion vor dem Haus gab, weil Vater nicht so viel bezahlen wollte, wie der Besitzer forderte. Damals war ich maßlos enttäuscht.

Wir bekamen dann aber bald Gelegenheit, unsere Meinung über den weißen Cob zu ändern. Kurze Zeit später ritt ich ihn auf der Barry Show; dort gab es eine Art Straßensperre, die vom Ausgang weg zu springen war. White Label verweigerte viermal, und jedesmal ließ er eine Schulter absacken und schien unter mir zu verschwinden; jedesmal schoß ich über seinen Kopf und landete auf der anderen Seite des Gatters. Danach war uns die Kauflust vergangen.

Mein Vater war ein strenger Trainer, und ich glaube fast, wir machten mit den Ponys damals mehr als heute mit den Pferden. Zwischen meinem elften und vierzehnten Lebensjahr war ich im Internat der Monmouth Grammar School und kam nur in den Ferien zum Reiten. Anschließend war ich drei Jahre lang Tagesschüler; während dieser Zeit wurden die Ponys am Freitagabend gearbeitet.

Viel Dressur wurde und wird bei mir nicht geritten; an diesen Freitagen kam es hauptsächlich darauf an, die Pferde zu biegen und wendig zu machen – und sie dann einmal «volles Rohr» über die Sprünge gehen zu lassen, die wir zu Hause hatten. Vielleicht hatte ich Glück und besaß Superponys, aber sie machten uns eigentlich nie viel Mühe: sie waren immer rittig und taten ohne große Anstrengung, was wir von ihnen verlangten.
Irgendwie habe ich es anscheinend auch fertiggebracht, in der Schule mitzukommen. Ich war jedoch aufs Büffeln angewiesen, und das Bemühen, auch einmal bessere Noten als mein übliches «genügend» zustande zu bringen, trug mir immer wieder heftige Migräneanfälle ein. Schließlich verließ ich die Schule mit siebzehn, und meine Migräne verschwand, sobald ich den Sport zu meinem Lebensinhalt gemacht hatte.
Dem Springreiten galt das Hauptinteresse der ganzen Familie. Auf der Heimfahrt von einem Turnier sprachen wir meistens alles noch einmal durch, und wenn Schwierigkeiten auftraten, grübelte mein Vater im Bett weiter darüber nach. Am anderen Morgen erwachte er dann mit einer neuen Idee, die wir ausprobieren mußten. Daß wir so gute Ponys hatten, spornte offensichtlich unseren Ehrgeiz an und lenkte uns auf immer größere und schwierigere Aufgaben.
Mutter war die einzige in der Familie, die nicht direkt mit dem Sport zu tun hatte. Unsere endlosen Diskussionen müssen sie manchmal ziemlich gelangweilt haben. Sie bekam Springreiten zum Frühstück, zum Mittag- und zum Abendessen vorgesetzt, aber trotzdem freute sie sich jedesmal, wenn wir wieder einen silbernen Pokal heimbrachten. Ich erinnere mich noch, wie diese Trophäen in einer geradezu heiligen Handlung über den Hof ins Haus getragen

wurden und dann einige Zeit in strahlender Pracht auf dem Eßtisch standen.

Eines der denkwürdigsten Ereignisse meiner Juniorenzeit war unsere erste Reise über Wales hinaus: 1954 traten wir gegen England an. Es war fast wie ein Auslandsstart. Damals gab es die Severn-Brücke noch nicht, und wir mußten über Gloucester nach Shaftesbury fahren, eine Reise, die uns endlos vorkam. Vierzig Kilometer in der Stunde waren für einen Transporter eine gute Durchschnittsgeschwindigkeit, und unser Ziel, die Gillingham und Shaftesbury Show in Dorset, schien in weiter Ferne zu liegen.

Wir kamen als völlig Unbekannte in unserem alten, umgebauten Armeelastwagen an, aber Ballan Lad sorgte mit seinem Sieg im Juniorenspringen dafür, daß uns die Leute in Dorset nicht so schnell wieder vergaßen. Das gab uns enormen Auftrieb. Wir waren nicht nur gegen England angetreten, wir hatten es sogar geschlagen.

Auch während meiner Juniorenzeit habe ich meine Reiterei immer sehr ernst genommen. Wenn es um 10 Pfund ging, was damals viel Geld war, stand ich unter Hochspannung; da wurde nicht herumgespielt. Die finanzielle Seite war wesentlich – ich war nie in der Lage zu sagen: «Ach Papa, was sind schon 5 Pfund?» Deshalb hatte ich, zu Recht oder Unrecht, immer das Gefühl, für Geld zu springen.

Wir mußten Nenn- und Startgelder zahlen, die Reisespesen aufbringen, die Ponys mußten betreut, gefüttert und untergestellt werden. Es war sehr wichtig für unsere Familie, daß diese Unkosten so weit wie möglich gedeckt wurden. Was wir persönlich gewonnen hatten, spielte dabei keine Rolle. Ob Vater, Elizabeth oder ich das Geld hereinbrachten – es wurde in einen gemeinsamen Topf geworfen und auf der Heimfahrt insgesamt gezählt.

In der Regel hatte mein Vater einige Pferde auf dem Transporter, ich meine drei Ponys, dazu möglicherweise ein kleines Pony für meine Schwester Elizabeth, und außerdem quetschten wir noch ein Gymkhana-Pony hinein. War alles andere danebengegangen, dann mußte das Gymkhana-Pony einspringen und wenigstens «Die Reise nach Jerusalem zu Pferd» oder sonst einen spielerischen Wettbewerb gewinnen, selbst wenn er nur 3 Pfund eintrug, damit wir wenigstens etwas gegen unsere Unkosten aufzurechnen hatten.

Einmal startete ich in einer Prüfung, in der als erster Preis 10 Pfund ausgesetzt waren. Ich wurde Erster, Zweiter und Dritter. Ich glaube, ich gewann in diesem einen Springen ungefähr 17 Pfund und fühlte mich wie ein König. Auch in anderer Hinsicht war es ein ereignisreicher Tag. Wir waren im strömenden Regen zu diesem Turnier gefahren, und als wir noch etwa dreißig Kilometer vor uns hatten, löste sich ein aufgesommertes Stück eines Hinterreifens. Wir bekamen jedesmal einen Stoß, wenn die beschädigte Stelle auf der Straße aufkam.

Da es wie aus Kübeln goß und wir uns ohnehin schon verspätet hatten, beschloß mein Vater, lieber langsam weiterzufahren, als anzuhalten und den Reifen zu wechseln. Am Turnierplatz mußten wir feststellen, daß der Boden so aufgeweicht war, daß man die Zufahrt für alle Transporter gesperrt hatte. Sie parkten in einer fast kilometerlangen Schlange rechts und links vom Eingang. Dessen ungeachtet steuerte Vater auf den Eingang zu, wo uns ein Polizist zum anderen Ende winken wollte. Vater fuhr an ihn heran und rief aus dem Fenster: «Wir können nicht mehr weiterfahren. Sehen Sie sich nur unseren Reifen an!» Daß wir schon an die dreißig Kilometer in diesem Zustand zurückgelegt hatten, erwähnte er nicht, und so durften wir genau neben dem Eingang halten.

Von da an konnte eigentlich nichts mehr schiefgehen. In meiner Prüfung stand vor mir nur noch ein einziger Reiter aus, aber ich schaffte es, in dieser Zeit die Startnummern zu holen, während Vater das erste Pony bereitmachte. Während ich sprang, sattelte er das zweite und dann das dritte. Die Zuschauer standen seit Stunden im Regen und waren naß bis auf die Haut; als ich einritt, hörte der Regen auf, und die Sonne kam durch. Den Polizisten und das Wetter hatten wir schon auf unserer Seite, da konnten uns die Ponys doch nicht im Stich lassen. Sie taten es auch nicht. Die drei ersten Preise setzten einen wundervollen Schlußpunkt unter diesen denkwürdigen Tag.

In jenen Jahren beschränkten sich Springturniere mehr oder weniger auf das Wochenende, aber trotzdem hatte ich während meiner Internatszeit Schwierigkeiten, rechtzeitig von der Schule fortzukommen. Sehr oft bekam ich nur den Samstagnachmittag frei. Das bedeutete, daß ich Vater und die Ponys erst auf dem Turnierplatz traf – und nach dem Springen sofort in die Schule zurückkehren mußte. Eines der größten Probleme war, für die Horse of the Year Show Ferien zu bekommen. Damals wurde sie in Harringay abgehalten, heute in Wembley, aber damals wie heute fand sie im Oktober statt, wenn das Wintersemester schon angefangen hatte. Jedesmal mußte mein Vater zum Direktor gehen, und irgendwie überredete er ihn immer, mir freizugeben, obwohl es sehr gegen die Grundsätze der Schule verstieß.

Die Teilnahme an der Juniorenmeisterschaft der Springreiter in Harringay war der Höhepunkt der Saison. Jedes Jahr bemühten wir uns schon von Anfang an, die 25 Pfund an Preisen zu gewinnen, die damals nötig waren, um ein Pony für diese Prüfung zu qualifizieren. Bis 1970 habe ich insgesamt neunzehnmal um den Titel des Show Jumper of the Year gekämpft, zuerst als Junior, später in der Seniorenklasse – und ihn kein einziges Mal gewonnen. Ich kam nie über den vierten Platz hinaus.

Ich genoß die Juniorenprüfung sehr und war richtig traurig, als ich nicht mehr startberechtigt war. Ich war immer mit vollem Einsatz geritten, und je älter ich wurde, desto mehr ärgerte ich mich über meine eigenen Flüchtigkeitsfehler. Ich hatte das Gefühl, daß die Zeit der Entschuldigungen endgültig vorbei war. Die letzte Prüfung, an der ich noch teilnehmen durfte, nicht zu gewinnen, war in meinen eigenen Augen ein ziemliches Armutszeugnis, denn eine zweite Gelegenheit wurde mir nicht mehr geboten.

Als ich nach meinem sechzehnten Geburtstag in Juniorenprüfungen nicht mehr starten durfte, gingen die Ponys an Elizabeth und dann an meine jüngere Schwester Mary über. Ballan Lad wurde schließlich von meinem Bruder Frederick geritten, der dreizehn Jahre jünger ist als ich und bis Ende 1970 an Juniorenprüfungen teilnahm. Da heutzutage die meisten Juniorenturniere im ersten Stechen nach Zeit entschieden werden, war Ballan Lads Geschwindigkeit ein enormer Vorteil. Aber niemand wird mich davon überzeugen, daß diese Änderung der Regeln zum Guten ist. Mir wäre es lieber, die Ponys müßten springen lernen wie damals, als daß sie, wie heute, galoppieren lernen. Ich bin ausgesprochen froh, daß bei meinen eigenen Juniorenwettbewerben die Zeit nicht angerechnet wurde.

2

Mit Wildfire zum Erfolg

Möglicherweise habe ich in dem ersten Jahr, in dem ich in Prüfungen für Erwachsene ritt, gegen eine der Grundregeln der Springreiterei verstoßen und ein höher qualifiziertes Pferd in Anfängerspringen gestartet. Das war jedoch in aller Unschuld geschehen. Als Vater Ballan So So kaufte, einen Schimmel von 1,55 m Stock, waren wir überzeugt, daß er nie zuvor öffentlich gezeigt worden war.
Erst ein Jahr später kamen mir die ersten Zweifel. Ballan So So qualifizierte sich immer höher, bis wir ihn schließlich mit der Startberechtigung für Grad A (nachdem er in der vorhergehenden Klasse ausgesiegt hatte) verkauften. Etwa sieben oder acht Jahre später glaubte ich ihn wiederzusehen – in einer Prüfung für Debütanten. Noch verwirrender wurde die Angelegenheit dadurch, daß Harvey Smith behauptete, dieses Pferd habe mit Sicherheit einige Jahre zuvor in Yorkshire alle Grade durchlaufen. Ich war zwar immer noch nicht überzeugt, daß es sich um dasselbe Tier handelte, aber nach einigem Nachdenken kam ich zum Schluß, daß Ballan So So vielleicht doch nicht ganz so unerfahren war, als ich mit ihm zu springen begann.
Ein solcher Fehler kann einem ohne eigenes Verschulden unterlaufen. Ein Pferd, das sich bis Grad A qualifiziert hat, in dieser Klasse jedoch keinen Erfolg mehr hat, wird vielleicht als Jagdpferd verkauft. Wechselt es dann noch einigemal den Besitzer, so landet es schließlich bei jemand, der

von seiner Vergangenheit als Turnierpferd keine Ahnung hat und ehrlich davon überzeugt ist, daß er es als erster in den Turniersport einführt. Ballan So So war nicht dumm, aber er hatte einen kurzen Galoppsprung und immer Schwierigkeiten in zweifachen Kombinationen, besonders wenn die Anforderungen höher wurden.

Mein bestes Pferd in jener Saison war Ballan Silver Knight, den mein Vater als Dreijährigen gekauft und in einigen Springen geritten hatte, bevor ich ihn übernehmen durfte. Er war ein faules Biest, konnte aber auch recht geschickt sein. Wäre er das beste Pferd in unserem Stall geblieben, wäre ich wahrscheinlich nie über regionale Turniere hinausgekommen, aber er war ein gutes Allroundpferd und als solches ganz ehrlich, solange nicht mehr von ihm erwartet wurde.

Meinen Durchbruch vom regionalen zum internationalen Sport verdanke ich Wildfire, und manchmal frage ich mich, ob ich heute überhaupt noch reiten würde, wenn ich nicht am Ende meiner ersten Saison als Erwachsener ein solches Klassepferd unter den Sattel bekommen hätte. Es dauerte sogar eine Weile, bis ich mein Glück erfaßte. Dabei hatte ich Wildfire schon springen sehen, bevor Vater ihn kaufte – aber er hatte mir nicht den geringsten Eindruck gemacht.

Mein Vater hatte Wildfire auf kleineren Turnieren beobachtet und festgestellt, daß er phantastisch springen konnte. Als er losfuhr, um ihn zu kaufen, wußte ich nur, daß er sich ein Pferd ansehen wollte. Daß ich es ebenfalls schon gesehen hatte, wußte ich nicht.

Wildfire kostete 60 Pfund, genau wie Ballan Silver Knight. Damals schienen alle unsere guten Pferde gleich viel zu kosten, was aber nur zeigt, daß wir immer die Augen offenhielten, wenn irgendwo ein Geschäft zu machen war. Vorher hatte Wildfire der Armee gehört, und über diese Zeit kamen mir verschiedene Geschichten zu Ohren. Manche sagten, er sei in Unehren entlassen worden, weil er überhaupt nichts taugte; andere behaupteten, er habe einem Mann das Rückgrat gebrochen, aber über die näheren Umstände wußten sie nichts. Fest stand nur, daß das Pferd vorher in Vielseitigkeitsprüfungen gegangen war.

Ich ritt Wildfire zum erstenmal im Herbst 1957 auf unserem Springplatz zu Hause. Er war früher im Springen oft stehengeblieben, und genau das machte er auch mit mir, als ich ihn auf Vaters Geheiß gegen unseren niedrigsten Sprung ritt. Er war bestimmt nicht höher als 80 cm, und trotzdem zog Wildfire die Bremse. Da beschloß ich, ihm auf der Stelle eine Lektion zu erteilen, und zog ihm ein paarmal scharf die Gerte über. Ich ritt wieder an, und er nahm den Sprung, ohne mit der Wimper zu zucken. Das war das erste und letzte Mal, daß Wildfire mit mir zu Hause stehenblieb. Wir nahmen anschließend noch einige größere Hindernisse, und Wildfire ging herrlich – ich hatte nie zuvor ein solches Pferd geritten. Er sprang wie ein Gummiball.

Kurz darauf war die Horse of the Year Show, aber es wäre ungeschickt gewesen, Wildfire in einer engen Halle über einen klotzigen Parcours auszuprobieren. Statt dessen lieh mir Vater seinen alten Cob Golden Noble, dem ich eine sehr wichtige Lehre verdanke, auch wenn er mir sonst wenig Erfolg brachte. Ich ritt für ein Zeitspringen ein, und mir klang noch in den Ohren, was mein Vater mir zugerufen hatte: «Vergiß nicht, ihn richtig aufzumöbeln.» Dieser Anordnung folgte ich aufs Wort und kanterte frisch mit dem alten Cob um den Ring. Leider hatte ich völlig übersehen, daß mein Vorgänger ein Hindernis dem Erdboden gleichgemacht hatte und es gut drei Minuten dauern würde, bis es wieder

aufgebaut war. Golden Noble kanterte munter rund – und rund – und noch einmal rund um den Platz – und als endlich die Glocke ertönte, war er praktisch völlig ausgepumpt, noch ehe er den ersten Sprung genommen hatte. Gegen Ende des Parcours ging ich krachend zu Boden. Diese Lehre habe ich nie vergessen. Seitdem warte ich auf die Glocke, bevor ich ans Aufmöbeln denke.
Eigentlich hatte mit Golden Noble alles angefangen, denn er brachte meinen Vater zum Turniersport. Mein Vater hatte viel mit Wagenpferden gehandelt; darunter war auch Golden Noble. Während die anderen brav ihre Karren zogen, entwickelte sich Golden Noble jedoch zu einem äußerst unangenehmen Steiger. Er wurde uns deshalb zurückgeschickt, und da er nicht vor dem Wagen ging, fing ihn Vater zu reiten an. Allmählich kam ihm der Gedanke, daß der Cob sich möglicherweise ganz gut zum Springen eignete, und er nahm ihn auf einige kleinere Turniere mit. Bei seinem dritten Start zeigte er, was in ihm steckte: Er schlug die besten Springpferde von Südwales. Ohne den ausrangierten Karrengaul hätte sich mein Vater vielleicht nie fürs Springreiten interessiert und ich vermutlich auch nicht. Genau genommen folgte ich sogar in jeder Beziehung seinen Spuren, denn meine Begeisterung wurde von Chocolate geweckt, der ebenfalls ein Cob war und gleichfalls vor dem Wagen nichts taugte.
Während ich Golden Noble bei der Horse of the Year Show ritt, wartete auf Wildfire die Jagdsaison. Er wurde an verschiedene Leute vermietet und ging mit allen tadellos hinter den Hunden. Erst im nächsten Frühjahr startete ich ihn auf Turnieren – und mein Enthusiasmus für dieses Pferd schwand sehr schnell. In den beiden ersten Prüfungen schied Wildfire wegen dreimaligen Verweigerns aus.

Mein Vater ärgerte sich genauso wie ich. «Das war's», sagte er auf der Heimfahrt. «Du kannst ihn noch auf ein einziges Turnier mitnehmen, und wenn er dort wieder stehenbleibt, wird er verkauft.» Ich arbeitete Wildfire zu Hause, und eine Woche später startete ich ihn in Stowell Park, wo drei erste Preise seinen guten Ruf wiederherstellten. Ich weiß heute noch nicht, was seine erstaunliche Verwandlung bewirkt hat. Der Parcours in Stowell Park war auf jeden Fall einladender als die früheren, und vielleicht waren mir die ersten beiden Springen selbst nicht ganz geheuer gewesen. Wie dem auch sein mochte, wichtig war nur, daß Wildfire von diesem Zeitpunkt an mitmachte. Bis auf ein paar vereinzelte Fälle, wo der Absprung vor einem Hindernis nicht paßte, hat er buchstäblich bis an sein Lebensende keinen Sprung mehr verweigert.

Ich lernte Wildfire schätzen, weil er ein unverdrossener Kämpfer und eine große Persönlichkeit war. Er sah immer sehr mißgelaunt aus, wenn er sprang – mit angelegten Ohren und drehendem Schweif –, aber in Wirklichkeit war er sanft wie ein Lamm. Er konnte es nur auf den Tod nicht leiden, wenn jemand ihm zwischen die Ohren faßte. Auf einem Turnier gab es einmal frühmorgens einen fürchterlichen Aufruhr im Stall, und mein Vater kam und verkündete, Wildfire sei am Durchdrehen, und da er mein Pferd sei, sollte ich vielleicht besser etwas dagegen tun. Ich entdeckte, daß ihm das Halfter über die Ohren gerutscht war, kletterte über die Krippe zu ihm in die Box und nahm es ihm ab. Er beruhigte sich auf der Stelle.

Beim Auftrensen mußte man aufpassen wie ein Schießhund. Er bot einem nur eine einzige Chance: Sobald er das Gebiß im Maul hatte, senkte er einmal kurz den Kopf, so daß man ihm das Kopfzeug überstreifen konnte. Aber es mußte schnell und mit einem Griff geschehen. Wenn es nicht sofort klappte, war die Gelegenheit vertan – und danach war es ein höllisches Stück Arbeit.

Zu jener Zeit, als ich Wildfire fand, war Pat Smythe der große Star im Turniersport. Bei uns in Wales konnten wir sie vielleicht sechs- oder achtmal im Jahr reiten sehen, und ich bewunderte sie grenzenlos. Einmal sah ich, wie sie auf Prince Hall einen Oxer nahm, der etwa 1,50 m hoch und genauso tief war. Das Pferd schien ohne sichtbare Anstrengung nur so über das Hindernis zu fliegen. Ich war so beeindruckt, daß ich von da an reiten wollte wie Pat Smythe. Daß ihr Stil richtig war, hatte sie mit diesem großartigen Sprung bewiesen. Als ich sie dann auf Flanagan sah, bewunderte ich sie noch viel mehr. Flanagan war nichts weiter als ein kurzbeiniger, durchschnittlicher kleiner Cob, und trotzdem brachte Pat ihn fehlerlos über einige klobige Parcours.

Ich bin nicht der einzige, der sich Pat Smythe zum Vorbild nahm. Bis zu einem gewissen Grad trifft das auch für Harvey Smith zu, der ziemlich zur gleichen Zeit wie ich in größeren Prüfungen zu reiten begann. Selbst als ich noch keinen Erfolg aufzuweisen hatte, fanden wir Pat immer ansprechbar. Aber der freundlichste Reiter überhaupt war Alan Oliver. Er hatte gar nichts Hochnäsiges an sich und war jederzeit zu einem Gespräch, einem aufmunternden Wort für die Nachwuchsreiter bereit – und ist es bis heute geblieben.

1958, während meiner ersten Turniersaison mit Wildfire, machten wir die große nationale Turnierfolge mit und begannen, uns auch von den bedeutenderen Preisen einen Anteil zu sichern. Wochenlang aber war es wie verhext: mir wollte in einer größeren Prüfung einfach kein Sieg gelingen. Ich gewann zwar einige kleinere Turniere, kam in wichtigen

Springen auch ein paarmal auf den zweiten Platz – doch zum Sieg reichte es nie. Der zweite Tag der Royal Welsh Show im Juli 1958 verhalf mir schließlich zum Durchbruch, und von da an schien alles ganz einfach – ich gewann nacheinander drei große Springen.

Zu Wildfire hatte ich unwahrscheinliches Vertrauen. Er dachte ungeheuer fix, er schaffte Kombinationen ebenso gut wie Hoch- oder Weitsprünge und war sehr schnell. Von seinen Vielseitigkeitsprüfungen her war er dressurmäßig durchgeritten: er ließ sich auf dem Teller wenden. Ich glaube, damals wußte ich die außergewöhnliche Begabung von Wildfire gar nicht voll zu würdigen. Was für ein Glück ich hatte, kam mir erst zum Bewußtsein, als ich einige Jahre später diese Turnierfolge mit ziemlich mittelmäßigen Pferden bereiste. Man unterschätzt Springpferde leicht – bis man wieder ein paar schlechte geritten hat.

Als ich mit Wildfire auf Turnier ging, war kein Preis höher dotiert als 100 Pfund, und solche Prüfungen gab es im Jahr vielleicht drei. Eine davon fand während der dreitägigen Devon County Show statt. Ich nahm 1959 daran teil und hoffte, am Schlußtag den großen Happen zu gewinnen. Am zweiten Tag ging Wildfire eine Nullrunde, und die anderen Reiter im Stechen fragten mich, ob ich mit einer Teilung des Geldes einverstanden wäre. So hatte man es schon jahrelang gehalten, ohne daß das Publikum davon erfuhr. Die Reiter nahmen alle am Stechen teil und ritten auch um den Sieg, aber im Grunde war das Ergebnis unwesentlich, weil am Schluß alle gleich viel Geld erhielten.

Mit solchen Abmachungen hatte ich nie zuvor zu tun gehabt, und das war gut, denn nun konnte ich ablehnen, ohne jemanden zu beleidigen und ohne daß irgend jemand sagen konnte, ich sei früher, als ich noch nicht so erfolgreich war, doch auch gern zum Teilen bereit gewesen. Diese Vereinbarungen hatten schon zu einigen unerfreulichen Zwischenfällen geführt, wenn auf dem Turnier plötzlich jemand sein Notizbuch zückte und alte Schulden eintreiben wollte. Ich glaube, meine Weigerung, dieses Spiel mitzumachen, trug dazu bei, daß die Idee bald darauf fallengelassen wurde.

In diesem speziellen Fall war ich übrigens der Verlierer, denn Wildfire glitt auf dem nassen Boden aus, und wir belegten den letzten Platz unter den Finalisten. Am nächsten Tag sah die Sache allerdings anders aus. Wegen seines Sturzes hatten wir beschlossen, Wildfire am Morgen in einer kleineren Prüfung gehen zu lassen. Als erster Preis waren 30 Pfund ausgesetzt, die er auch gewann, wie es sich gehörte. Dann arbeitete ihn mein Vater und bereitete ihn für den Nachmittag vor, wo es um 100 Pfund ging – und er gewann auch diesen Preis. Damals war eine Gewinnsumme von 130 Pfund an einem einzigen Tag geradezu unvorstellbar, und ich weiß noch, daß mein Vater auf der Heimfahrt sagte: «Und alles gehört uns. Wir brauchen es nicht zu teilen.»

In jenem Jahr war Wildfire das gewinnreichste englische Pferd; außerdem starteten wir zum erstenmal im Ausland. Im Sommer hatte ich eine Einladung nach Dublin abgelehnt, weil ich dadurch zu viele gute Turniere zu Hause verpaßt hätte, aber ich hatte keine Angst, daß mir diese Ablehnung bei zukünftigen Selektionen schaden würde. Wie mein Vater sagte: «Wenn du gut genug bist, müssen sie dich nehmen. Deswegen brauchst du nicht jedem zu hofieren.»

Daran habe ich mich bis heute gehalten. Meine Chancen für einen Auslandsstart hängen sicher weniger davon ab, daß ich jede beliebige Einladung annehme, nur um mich bei den Selektoren beliebt zu machen, als davon, daß ich zu Hause richtig in Form bin. Um eine Einladung ins Ausland bewerben sich immer viele; ein Ersatz ist jeweils bald gefunden.

Deshalb ließen wir Dublin im August 1959 fallen und gingen dafür einige Monate später nach Rotterdam. Wir hatten Glück, daß Wildfire und Ballan Silver Knight ihren Bestimmungsort überhaupt erreichten. Unser letztes Turnier vor Rotterdam fand in British Timken, in der Nähe von Northampton, statt. Es dauerte bis zum späten Samstagabend, und der Transporter sollte am Sonntagmorgen frühzeitig in Harwich sein. Vater und ich beschlossen deshalb, die Nacht durchzufahren und in Harwich noch ein paar Stunden im Transporter zu schlafen, bevor wir uns einschifften.

Es ging alles gut, bis wir morgens um drei Uhr durch einen Ort namens Manningtree in Essex kamen. Wir bogen um eine Kurve und sahen eine niedrige Unterführung zu spät. Sie riß unserem Transporter das Dach weg. Wildfires Halfter war gebrochen, und Ballan Silver Knight fehlte ein Stück Fell zwischen den Ohren, ein geringer Preis, wenn man bedenkt, wie leicht beide Pferde hätten umkommen können.

Natürlich hatten sich die Tiere sehr erschreckt. Wir konnten sie schnauben und stampfen hören, als wir aus dem festgeklemmten Fahrerhaus kletterten. Um die Verwirrung vollständig zu machen, tauchte auch noch ein Zug aus der Nacht auf und ratterte über unsere Köpfe. Das hatte gerade noch gefehlt, um die beiden Pferde davon zu überzeugen, daß die Welt unterging.

Zum Glück hatte der Unfall keine Auswirkungen auf ihr

Springvermögen. Es war uns schließlich gelungen, den Transporter freizubekommen und unsere Reise nach Rotterdam fortzusetzen, wo ich gleich die erste Prüfung, ein Zweipferde-Springen, mit Wildfire und Ballan Silver Knight gewann. Nach der Siegerehrung sagte Geoffrey Gibbon, Wildfires früherer Besitzer: «Ich glaube, du bist der einzige Reiter mit einer hundertprozentigen Erfolgsliste im Ausland.» Es war ein netter Gedanke, auch wenn ich nur in einer Prüfung gestartet war.

Ein Jahr vor den Olympischen Spielen kam ich mit Wildfire in die engere Auswahl und wurde für die Trainingslehrgänge der Olympiakandidaten in Arundel Castle aufgeboten. Der Leiter, der verstorbene Oberst Jack Talbot-Ponsonby, war um seine Aufgabe nicht gerade zu beneiden. Die britischen Reiter sind Individualisten und nicht leicht auf Vordermann zu bringen. Es wäre schlechthin unmöglich, sie zu einem gemeinsamen Springstil zu erziehen, wie ihn zum Beispiel die Amerikaner demonstrieren. Ich bin allerdings nicht einmal sicher, ob sich ein solcher Versuch überhaupt auszahlen würde. Vielleicht würden wir dadurch nur alles verlieren, was wir an Einwirkung besitzen.

Während der ganzen Turniersaison 1960 durften alle, die in der Auswahlmannschaft waren, im Hinblick auf die Spiele ihre möglichen Olympiapferde nur bei bestimmten Prüfungen starten. Für das Geld, das uns dadurch entging, erhielten wir eine gewisse Entschädigung. Statt an Wettbewerben teilzunehmen, reisten wir herum und ritten Schaurunden über recht schwierige Parcours, was meines Erachtens ziemlich witzlos war. Ich hatte das Gefühl, daß Pferde und Reiter dadurch nur ihren Kampfgeist verloren – ohne etwas dafür zu gewinnen.

Im April 1960 sprangen wir in Badminton unsere Schau-

runden über nahezu olympische Abmessungen. Zwar waren die meisten Pferde vom Springvermögen her durchaus in der Lage, einen Parcours dieser Größenordnung zu springen, aber es war noch viel zu früh im Jahr, und die Folge war eine ganze Menge Ärger. Die Pferde waren einfach noch nicht fit. Oberst Talbot-Ponsonby soll damals gesagt haben, daß er absichtlich einen anspruchsvollen Parcours aufgebaut hätte, um die Spreu vom Weizen zu scheiden; als diese Worte in der Presse erschienen, gab es eine heftige Kontroverse. Pat Smythe stürzte, und Wilf White, der Nizefela erst wenige Wochen zuvor von der Koppel geholt hatte, gab nach einigen Sprüngen vernünftigerweise auf.
Innerhalb eines Monats waren die Olympiakandidaten auf vier zusammengeschrumpft – Pat Smythe, David Barker, Ann Townsend (heute Mrs. Backhouse) und ich, als Reserve noch Lady Sarah Fitzalan-Howard. Wir fünf setzten im Frühjahr über auf den Kontinent, um in Wiesbaden und Luzern zu starten. Das war meine erste Auslandstournee, abgesehen von einem einzelnen Springen, und Wiesbaden wurde für mich ein voller Erfolg.

Dort traf ich zum erstenmal den deutschen Reiter Alwin Schockemöhle. Bei der Plazierung der beiden wichtigsten Prüfungen standen wir nebeneinander: am ersten Tag war er Sieger und ich Zweiter, am nächsten Tag war die Reihenfolge umgekehrt. Von da an waren wir Rivalen – und Freunde.

Am dritten Tag startete ich nach Alwin, schlug im Stechen um den Großen Preis seine Zeit und dachte schon selbstgefällig, ich hätte den Sieg in der Tasche. Bis dahin war ich von den Amerikanern nicht übermäßig beeindruckt gewesen und hatte, etwas voreilig, beschlossen, daß sie durchaus nicht so großartig wären, wie man ihnen nachsagte. Bill

Steinkraus belehrte mich aber dann eines Bessern: Er kam auf Riviera Wonder herein und unterbot mich kaltblütig um zwei Sekunden, nur so zum Spaß – jedenfalls sah es so aus.
Es blieb uns eine Woche zur Erholung, ehe Luzern begann, und als die Tournee zu Ende war, hatte ich alles gründlich satt und freute mich auf zu Hause. Ich hatte die Leute über, mit denen ich zusammen war, das Turnier, die gesellschaftlichen Verpflichtungen, die Müdigkeit, unter der ich in Luzern dauernd zu leiden hatte – und vor allem hing mir die lange und deprimierende Folge von Vierfehlerritten auf Wildfire zum Hals heraus. Im Lauf der Woche hatten wir zwar ein Zeitspringen gewonnen, aber im übrigen schien ich dazu verurteilt, eine Prüfung nach der anderen wegen eines einzigen «Klötzchens» zu verlieren.
Ich war immer noch ziemlich sicher, daß Wildfire für die Spiele nominiert werden würde. Gute Pferde waren in England damals so rar, daß es sich die Selektoren einfach nicht leisten konnten, ihn zu übergehen. Ich selbst hatte zwar einige Befürchtungen – aber nur weil er ein so grundehrliches Pferd war und ich den Gedanken haßte, ihn überfordern zu müssen, falls die Italiener in Rom einen unvernünftig schweren Parcours aufbauen sollten.
Viele Jahre später ging es mir mit Mister Softee genauso. Wenn man ein Pferd hat, das wirklich an alles herangeht, das lieber die unmöglichsten Dinge versucht, als daß es stehenbleibt – dann möchte man es auf keinen Fall überfordern. Im Rückblick glaube ich, daß Wildfire den Olympiaparcours in Rom ohne allzu große Schwierigkeiten bewältigt hätte, aber der Test blieb ihm erspart. In der kurzen Zeit zwischen Luzern und Rom bekam ich ein neues Pferd unter den Sattel, das mein Partner bei den Olympischen Spielen werden sollte.

3

Sunsalves zweite Karriere

Sunsalve hatte ich verschiedentlich gesehen, als er noch von Elizabeth Anderson geritten wurde, und er hatte mir schon damals außerordentlich gefallen. Er sprang nicht – er hüpfte wie ein Reh über die Hindernisse. An seinem Stil war zwar manches auszusetzen: Er sprang überhaupt nicht rationell, sein Rücken war gerade, manchmal sogar durchgebogen – von Bascule keine Spur. Trotzdem bin ich fest überzeugt, daß kein Trainer der Welt – auch nicht nach jahrelanger Arbeit – ein Pferd hätte herausbringen können, das auch nur annähernd Sunsalves Fähigkeiten über schwere Parcours besessen hätte.

Elizabeths Vater, Oliver Anderson, überließ ihn 1960 dem britischen Team. Er ging an Pat Smythe, und eine Weile sah es so aus, als würden sie sich prächtig vertragen. Sie hatten zu Beginn der Saison einige schöne Erfolge. Wir waren dabei, als er in Cardiff eine Prüfung gewann, und auf der Heimfahrt im Transporter sagte mein Vater: «Ich fürchte, das war für Pat der Anfang vom Ende.» Obwohl Sunsalve das Springen gewonnen hatte, war meinem Vater ein kleiner Ungehorsam aufgefallen – und daß er damit durchgekommen war.

Ich glaube nicht, daß damals viele Leute dieses Zeichen beachtet haben, aber mein Vater behielt recht. Von da an sprang Sunsalve unter Pat keine saubere Runde mehr. Obwohl ich mit meinem Vater oft die heftigsten Diskussio-

nen habe, muß ich doch zugeben, daß ihm kaum je eine so bedeutungsvolle, wenn auch winzige Einzelheit entgeht. Wahrscheinlich habe ich seine Hilfe immer als selbstverständlich angesehen, sie in der Hitze unserer stürmischen Rückblicke auf die Ereignisse des Tages wohl auch manchmal abgelehnt. Aber im Grunde genommen ist es ein unschätzbarer Vorteil, einen guten Beobachter zu Fuß dabei zu haben. Ihm fällt oft eine Kleinigkeit auf, die der Reiter selbst gar nicht bemerkt. Wenn ich heute mit einem Fehler aus einem Springen komme, weiß ich in der Regel, warum er passiert ist. Trotzdem freut es mich, wenn ich meine Meinung bestätigt finde.
Doch zurück zu Sunsalve. Pat ritt ihn in Wiesbaden und Luzern, und das Ergebnis war teilweise katastrophal. Einige Male mußte er sogar wegen dreimaligem Verweigern ausscheiden. Schließlich kam man zur Überzeugung, daß die beiden nicht füreinander bestimmt waren. Sunsalve wurde an Mr. Anderson zurückgeschickt, und Pat sollte sich wieder auf ihren alten Partner Flanagan konzentrieren.
Es war nur dem persönlichen Einsatz meines Vaters zu verdanken, daß Sunsalve doch wieder auf die Liste der möglichen Olympiapferde kam. Er war von der Mannschaft als unbrauchbar zurückgewiesen worden, und alle glaubten, das sei das Ende der Geschichte – alle, außer meinem Vater. Er gab sich große Mühe, Mr. Andersons Bekanntschaft zu machen. Wir fuhren schließlich zu ihm nach Norfolk und redeten stundenlang nur über Sunsalve. Mein Vater wollte alles über das Pferd wissen, und wer hätte ihm besser Auskunft geben können als sein Besitzer? Vermutlich gefiel Mr. Anderson diese Haltung, denn als er das Pferd zur Verfü-

---

David Broome auf Mister Softee. ▷

12

gung gestellt hatte, war seine Meinung nicht gefragt gewesen. Man ließ im Gegenteil durchblicken: «Überlassen Sie alles ruhig uns, wir wissen es am besten.»
Seither habe ich immer Wert darauf gelegt, mit dem früheren Besitzer eines Pferdes zu sprechen. Durch unsere Diskussion mit Mr. Anderson lernte ich seinen Standpunkt kennen. Außerdem merkte ich, wie viele wertvolle Informationen man auf diesem Weg erhalten kann. Es ist zum Beispiel wichtig zu wissen, wie das Pferd bisher gefüttert wurde, um allzu abrupte Umstellungen zu vermeiden.
Nach unserem Gespräch ritt ich Sunsalve auf Mr. Andersons Gelände und ging mit ihm über einige Sprünge. Er war wundervoll. Mr. Anderson entschloß sich sofort, ihn mir zur Verfügung zu stellen. Ich sollte sehen, ob ich ihn wieder in Schuß bringen konnte. Ich war immer begeistert, wenn ich ein neues Pferd zu reiten bekam. Es bedeutete Abwechslung und eine neue Herausforderung; auf Sunsalve freute ich mich ganz besonders.
In der folgenden Woche startete ich ihn auf einem kleinen Turnier in Lydney in Gloucestershire; ein paar Leute vom Auswahlkomitee kamen und sahen zu. Das Pferd ging gut. Ich glaube, wir hatten sogar einen Fehler, aber darauf kam es nicht an. Wichtig war nur, daß Sunsalve mitmachte. Auf der Heimfahrt war ich mit mir und der Welt restlos zufrieden.
Wie so oft im Springsport wurde ich bald darauf unsanft auf den Boden der Wirklichkeit zurückversetzt. Eine Woche nach Lydney ritt ich Sunsalve und Discutido, den Vater

---

◁ Oben: Der Anfang meiner Reiterkarriere.
◁ Unten: Der kleine Cob Chocolate, mein liebenswertestes und zugleich eines meiner erfolgreichsten Juniorenpferde.

kurz vorher gekauft hatte, auf einem kleinen Turnier in Church Village in der Nähe von Pontypridd. Es ging um 15 Pfund; der Parcours war nicht sehr schwer und ohne alle Tücken – und beide Pferde schieden aus. Zum Glück erhielt ich von den Richtern die Erlaubnis, Sunsalve nach Beendigung des Springens noch einmal über diesen Parcours zu reiten. Ich zog ihm einige Male die Gerte über, versammelte ihn, und er sprang fehlerlos!

Mein Vater und ich waren ziemlich erbost über sein Verweigern und bauten deshalb auf unserem Springplatz zu Hause einen enorm schweren Parcours auf, einschließlich einiger eindrucksvoller Karreeoxer. Er segelte nur so darüber. Es schien im sogar ausgesprochen Spaß zu machen.

Bis dahin hatten wir uns nicht entschließen können, Sunsalve auf die Royal International Horse Show mitzunehmen, die am folgenden Tag in White City begann. Seine Vorstellung zu Hause fegte jedoch alle Zweifel beiseite. Ich wußte, daß es eine Prüfung auf Herz und Nieren werden würde. Eine Menge Leute würden uns beobachten, und eine Menge Leute würden nur darauf warten, ihre Kritik abzugeben – mir ins Gesicht oder hinter meinem Rücken –, falls das Pferd nicht gehen sollte. Es war auch Sunsalves einzige und letzte Chance, seinen guten Ruf rechtzeitig für die Spiele wiederherzustellen. Inzwischen mußte das Pferd gemerkt haben, daß ich nicht die Absicht hatte, ihm irgend etwas durchgehen zu lassen – es sprang traumhaft. Am ersten Tag sprang Sunsalve beim Stechen eine der beiden einzigen Nullrunden. Fehlerpunkte sammelte er nur, weil er einmal ausrutschte – der Pfleger hatte vergessen, die Stollen einzuschrauben. Deshalb wurden wir Zweite nach dem amerikanischen Reiter George Morris auf Sinjon.

Am zweiten Tag gewann er ein Springen; am dritten Tag

gewann er den King George V Gold Cup, damals das klassische Ereignis des Jahres. Wildfire wurde Zweiter ex aequo. Da wir die Amerikaner geschlagen hatten, waren alle entzückt. Damals war der King's Cup die Prüfung, an der mir am meisten lag – auch wenn es nur um 5 Pfund gegangen wäre. Es kam fast einem Verbrechen gleich, daß sie später in die Halle nach Wembley verlegt wurde. Dadurch wurde sie eine Prüfung wie jede andere.
Am übernächsten Abend nach dem Sieg im King's Cup ritt ich Sunsalve im Mächtigkeitsspringen – mit weit weniger Erfolg. Die beiden ersten Stechen gingen noch gut. Sunsalve schaffte die Mauer von 1,95 m Höhe und kam als einziges britisches Pferd zusammen mit zwei Amerikanern ins nächste Stechen. Vielleicht haben die Verantwortlichen gedacht, ich könnte den Amerikanern eine richtige Abfuhr verpassen – aber leider hatten sie sich getäuscht. Normalerweise wäre die Mauer bei einem solchen Stand um höchstens 10 cm erhöht worden, statt dessen wurde sie von 1,95 m gleich auf 2,15 m erhöht – vermutlich in der Hoffnung, daß Sunsalve auch diesmal hinübersegeln würde.
Wenn die 1,95-m-Marke im Sb-Springen erreicht ist, sieht jeder weitere Zentimeter zehnmal so hoch aus – wenigstens für mich. Diesmal war die Mauer um volle 20 cm gewachsen, und der Eindruck war absolut überwältigend. Ich ritt Sunsalve gegen diesen Berg von einem Hindernis – und er blieb stehen. Das zweitemal nahm ich mehr Anlauf und ließ ihn in voller Fahrt dagegengehen. Er zögerte einen Augenblick, sprang mitten hinein und räumte den ganzen Sprung ab. Inzwischen war Bill Steinkraus auf Ksar d'Esprit über die Mauer gehüpft wie über einen Trainingssprung, und die Prüfung ging an die Vereinigten Staaten.
Trotz seines gewaltigen Springvermögens war Sunsalve

kein Pferd für Mächtigkeitsspringen. Je höher die Sprünge wurden, desto früher sprang er ab. Das ging gut bis zu einer Höhe von etwa 1,95 m. Danach konnte er einfach nicht mehr früher abdrücken; nahe an ein Hindernis heranzugehen und praktisch an ihm hochzuspringen wie Ksar d'Esprit war ihm unmöglich.

Ich bin zwar nicht gleich von solchen Prüfungen abgekommen; sie verloren für mich jedoch mehr und mehr an Reiz. Jetzt habe ich nur etwas gegen Mächtigkeitsspringen, wenn ich ein wirkliches Spitzenpferd unter dem Sattel habe, eines das so ehrlich ist, daß es sein Letztes gibt. Es kommt mir dann fast wie Vertrauensbruch vor, ein solches Pferd bis an die Grenzen seiner Möglichkeiten zu strapazieren. Am besten läßt man seine tüchtigsten und treuesten Pferde bei Mächtigkeitsspringen im Stall, es sei denn, sie wären zufällig von Natur aus Sb-Spezialisten.

Zum Glück hatte ich nach diesem Sb in White City keinerlei Schwierigkeiten mit Sunsalve. Sein Vertrauen schien durch diese Erfahrung nicht im geringsten erschüttert. Schwierigkeiten hatte ich zu dieser Zeit viel mehr mit dem Verband als mit dem Pferd. Nach meinem Sieg im King's Cup wurden Cocktails gegeben, und alle waren des Lobes voll. Am nächsten Tag lagen wir uns in den Haaren.

Ich hatte vorgehabt, Sunsalve in der folgenden Woche in Blackpool zu starten; die Nennungsformulare waren schon abgeschickt. Die maßgebenden Herren entschieden jedoch, daß Sunsalve Blackpool auszulassen und dafür eine Woche später in Dublin zu starten habe. Eben noch hatte man ihn ausgemustert und fortgeschickt, und jetzt war er plötzlich der vielversprechende Stern des britischen Teams, und jeder wollte etwas zu sagen haben! In diesem Fall gab ich schließlich nach, aber nur mit Widerwillen.

Sunsalve gewann in Dublin zwei große Prüfungen, darunter den Großen Preis, und damit stand für mich die Teilnahme an den Olympischen Spielen fest. Gute Pferde waren ausgesprochen Mangelware, und ich hatte gleich zwei – Sunsalve und Wildfire. Sunsalve wäre unter allen Umständen automatisch ein Olympiapferd gewesen. Es gab wenige wie ihn, weder in England noch sonstwo auf der Welt.

Ich glaube kaum, daß ich einen Freudentanz aufgeführt habe, als ich während des Turniers in Dublin den endgültigen Bescheid bekam, daß ich in Rom dabei sein würde. Das war für mich schon fast selbstverständlich. Gegen Ende der Woche wurden alle vier Mannschaftsreiter nominiert (Pat Smythe, David Barker, Dawn Wofford und ich) sowie die sechs Pferde (Franco, Sunsalve, Wildfire, Flanagan, Scorchin und Hollandia). Wer im Einzelspringen und wer im Mannschaftswettkampf starten sollte, stand noch nicht fest, aber das beunruhigte mich nicht. Ich war ziemlich sicher, daß ich in beiden Prüfungen reiten würde. Damals war ich zwanzig und ein richtiger Grünschnabel. Ich hatte nicht die leiseste Vorstellung davon, daß die Olympischen Spiele unendlich bedeutender waren als die internationalen Turniere, bei denen ich bisher gestartet war. Was es hieß, an diesen Spielen teilzunehmen, war mir überhaupt nicht bewußt. Als wir uns auf die Reise nach Rom begaben, stand ich absolut über den Dingen.

Erst am Schlußtag der Spiele, als ich vor hunderttausend Zuschauern ins Hauptstadion einritt, gingen mir die Augen auf. Das Erlebnis war so überwältigend, daß es mich beinahe umwarf.

4

Die Olympischen Spiele in Rom

Eigentlich sollten die britischen Pferde per Flugzeug nach Rom gebracht werden, aber mein Vater sträubte sich mit aller Entschiedenheit dagegen. Weder Sunsalve noch Wildfire waren bisher geflogen, und er fand es unvorsichtig, es gerade bei einer so wichtigen Gelegenheit auszuprobieren und das Risiko einzugehen, daß sie sich aufregten. Lieber wollte er die beiden Pferde persönlich im Transporter nach Rom fahren. Damals erschien uns diese Reise unwahrscheinlich lang – heute finden wir dabei nichts Besonderes mehr.
Ich reiste bequem im Flugzeug mit anderen britischen Olympiateilnehmern. Wir wurden am Flugplatz abgeholt und sofort ins Olympische Dorf gebracht. Als mein Vater losfuhr, hatte ich «Auf Wiedersehen in Rom» gesagt, als hätte ich «Auf Wiedersehen auf dem Parkplatz in Wembley» gemeint. Bei weiten Reisen vergißt man die näheren Einzelheiten leicht und denkt nur daran, am Zielort anzukommen, aber nicht daran, nach dem Turnierplatz oder dem Stall zu fragen. Es ist schon oft passiert, daß Transporter in einer Stadt eintrafen und niemand eine Ahnung hatte, wo Pferde und Begleiter untergebracht waren. Keiner hatte daran gedacht, sie zu informieren.
Damals in Rom traf ich meinen Vater rein zufällig. Er stand neben dem Transporter, der außerhalb des Olympischen Dorfes geparkt war, und dort war er offensichtlich schon seit Stunden, ohne herausfinden zu können, wie es weiter-

ging. Er wirkt normalerweise sehr tüchtig und vertrauenerweckend, aber als eine Rolle Toilettenpapier aus dem Transporter fiel und sich hügelabwärts davonmachte – wobei sie sich natürlich total abrollte –, fiel sein Selbstbewußtsein zusammen wie in einer schlechten Komödie.

Es fehlte nur noch eine Woche bis zum Einzelspringen, an dem Pat Smythe auf Flanagan, Dawn Wofford auf Hollandia und ich auf Sunsalve teilnehmen sollten. Daß David Barker, mit dem ich im Olympischen Dorf ein kleines Appartement teilte, nicht mitreiten sollte, war für mich eine Überraschung. Ich hatte ganz sicher angenommen, daß er mit Franco zum Einzelwettkampf antreten würde – und er vermutlich auch.

Zu unmenschlich früher Stunde besichtigten wir schließlich den Parcours des Einzelspringens auf der Piazza di Siena (wo jährlich das internationale Turnier stattfindet). Die Hindernisse waren beachtlich, aber ohne Tücken – bis auf die Kombination, eine Mauer, eine Triplebarre und ein Oxer. Der Abstand zwischen dem zweiten und dem dritten Sprung stimmte nicht; es war eine idiotische Kombination, und sie verursachte eine Unmenge Schwierigkeiten.

Natürlich ist es wichtig, einen Parcours aufmerksam zu Fuß abzuschreiten und die Distanzen in den zwei- und dreifachen Kombinationen auszumessen, bevor man sie springt. Da wir aber alle unsere eigenen Methoden haben, eine Kombination abzuschreiten, ist es von Vorteil, wenn man danach auch seine eigenen Schlußfolgerungen ziehen und entsprechend reiten darf. Eine Zweifache beispielsweise messe ich immer vom höchsten Punkt des ersten Hindernisses (bei einem Oxer wäre das der Mittelpunkt) bis zur letzten Stange des Aussprungs, weil man über sie am leichtesten stolpert.

Die Entfernung zwischen dem zweiten und dem dritten Sprung der dreifachen Kombination in Rom fiel in die Kategorie «infernalisch», und die Sache wurde davon nicht besser, daß es auch noch eine lange Diskussion gab, wie man springen sollte. Ich war überzeugt, daß Sunsalve keine zwei Galoppsprünge machen durfte, sondern es lieber mit einem versuchen sollte. Er war ein Pferd mit einem weiten Galoppsprung, das gern früh absprang und dann keinerlei Mühe hatte. Die maßgeblichen Leute bestanden darauf, daß dies ein Ding der Unmöglichkeit sei. Die zwei Hindernisse lägen viel zu weit auseinander, als daß Sunsalve nach einem Galoppsprung den mächtigen Oxer nehmen könnte. Schließlich regte ich mich mehr über die Diskussion auf als über den Sprung. Ich war ganz sicher, aber ich bekam genau die gegenteilige Anweisung.
Nachher entschied Sunsalve ganz allein, daß er nicht genug Platz für einen zweiten Galoppsprung hatte. Ich versuchte, ihn zurückzuhalten und seinen Galoppsprung zu verkürzen, aber er sprang trotzdem im ersten Umlauf nach einem Galoppsprung ab – und mitten in den Oxer, weil er bei weitem nicht genug Fahrt hatte, um ihn zu bewältigen. Ich beendete den Umlauf mit sechzehn Fehlerpunkten und hätte mich ohrfeigen können. Dawn Wofford hatte es mit Hollandia ebenfalls auf sechzehn Punkte gebracht und Pat Smythe mit Flanagan auf zwanzig. Es sah so aus, als ob das britische Team seine Medaillenhoffnungen in der Einzelwertung begraben könnte.
Im zweiten Umlauf am Nachmittag wollte ich es um jeden Preis besser machen und ging ganz vorsichtig zu Werke. Zu vorsichtig. Am dritten Hindernis zeigte mir Sunsalve unmißverständlich, was er von dieser Art Reiterei hielt: Er blieb einfach stehen. Das brachte mich schnellstens zur Ver-

nunft. Sunsalve war nicht das Pferd für Defensivritte; sein Mut war einer seiner größten Vorzüge, und ich hatte mich dem anzupassen. Als wir gegen die Kombination ritten, dachte ich: «Rutscht mir alle den Buckel hinunter, jetzt springe ich auf meine Art.» Diesmal waren Sunsalve und ich uns einig. Nach einem Galoppsprung schickte ich ihn ab – und er nahm den Oxer, als ob er Flügel hätte. An diesen Sprung erinnere ich mich heute noch – es war ein unwahrscheinlicher Satz! Bis auf das Verweigern sprang er ohne Fehler, mit Ausnahme des letzten Sprungs, und den hätte er sicher auch fehlerlos genommen, wenn er nicht im tiefen Schatten gelegen hätte, so daß die Stangen schwer zu erkennen waren.

Nach zwei Umläufen hatte ich insgesamt dreiundzwanzig Punkte, und ich rechnete mir nicht den Schimmer einer Chance auf eine Medaille aus. Raimondo und Piero d'Inzeo hatten mich bereits geschlagen, und nach mir kamen noch gut sechzig Reiter, von denen wenigstens ein Dutzend auf ein besseres Resultat hoffen durften. Einer nach dem anderen startete, und einer nach dem anderen fiel zurück. Langsam ging mir auf, daß ich vielleicht doch noch Aussicht hatte, die Bronzemedaille zu gewinnen. Die Möglichkeit wurde immer wahrscheinlicher, und schließlich, nach drei oder vier nervenaufreibenden Stunden, war das Unglaubliche wahr: Ich hatte wirklich eine olympische Medaille gewonnen!

Gold- und Silbermedaillen gingen an Raimondo und Piero d'Inzeo, die ich beide außerordentlich bewunderte. Sie reiten ganz verschieden, aber meiner Meinung nach ist es unmöglich, zu sagen, wer von beiden der bessere ist. Beide sind auf ihre Weise Spitzenklasse.

Ich fand auch Pat Smythe in Rom phantastisch, obwohl sie

für ihre Leistung nicht viel Anerkennung erhielt. Mir fallen sehr, sehr wenige Reiter ein, die einen kleinen, dicken Cob wie Flanagan über diesen Parcours und auf den elften Platz in der Einzelwertung gebracht hätten. Pat wurde zum Schluß sogar besser plaziert als Dawn auf Hollandia, die auf dem zwanzigsten Platz ex aequo landete, und sie wurde zusammen mit David Barker und mir für den Mannschaftswettbewerb im Olympiastadion nominiert.
Meiner Meinung nach beging das britische Auswahlkomitee einen großen taktischen Fehler, indem es David Barker nur im Mannschaftsspringen starten ließ. David war ein Neuling bei den Olympischen Spielen, und es war meines Erachtens äußerst unfair, ihn eine Woche lang herumsitzen zu lassen und ihn dann dort hineinzuwerfen, wo das Wasser am tiefsten war. Seinen ersten Ritt absolvierte er im Olympiastadion, und das war selbst für diejenigen ein überwältigendes Erlebnis, die das Einzelspringen zur Eingewöhnung hinter sich hatten. Mich warf es beinahe um – und David erging es nicht besser.
Für mich steht fest, daß Franco aus diesem Grund zum erstenmal in seiner Karriere verweigerte und schließlich im ersten Umlauf am letzten Hindernis ausschied. Das sprengte zwar nicht die Mannschaft, aber da man Franco das schlechteste Ergebnis des Morgens plus zwanzig Fehler anrechnen würde, war unsere Lage ziemlich hoffnungslos. Acht Jahre später, in Mexiko, ging es Marion Coakes (jetzt Mrs. Mould) genau gleich. Wie David Barker verließ auch sie das Stadion im Bewußtsein, daß ihr Ausscheiden die Hoffnungen der englischen Mannschaft vom Tisch gefegt hatte. Nicht einmal meinem schlimmsten Feind wünsche ich diese Erfahrung.
Obwohl es für uns um nichts mehr ging, war es mir doch

sehr wichtig, mit Sunsalve einen guten Ritt zu zeigen. Ich wollte mir – und allen anderen – beweisen, daß wir es konnten. Der Parcours des Mannschaftsspringens war schwer, aber fair – ohne blödsinnige Kombinationen wie im Einzelspringen. Diesmal bestand die Klippe aus zwei Oxern, die aus einer Wendung heraus anzureiten waren. Der Anlauf war so kurz, daß den Pferden der Schwung für zwei Weitsprünge dieses Kalibers fehlte. Am Morgen hatte Sunsalve beide Hindernisse mitgenommen und insgesamt zwölf Fehlerpunkte gemacht, was absolut kein schlechtes Ergebnis war.

Danach ging ich mit David Barker auf die Tribüne und sah zu. Am meisten interessierte mich, wie die anderen diesen Doppel anritten. Meiner Ansicht nach machten es die meisten falsch. Sie ritten die Wendung verhalten und versuchten dann, auf die kurze Distanz genügend Schwung für die beiden Weitsprünge zu bekommen. Ich glaube, ich sagte zu David: «Sie würden besser voll in die Wendung gehen und vor dem Sprung aufnehmen, so wie ich früher Ballan Lad in Juniorenprüfungen geritten habe.»

Am Morgen, im ersten Umlauf, hatte ich ziemlich Lampenfieber gehabt, obwohl die Tribünen nur halb voll waren. Am Nachmittag saßen dort hunderttausend Zuschauer, und ich fror zu einem Eisklumpen. Ich kam mir vor wie ein Gladiator, ganz allein in der Arena und umgeben von einem Wall von Gesichtern. In Tokio und Mexiko war die Atmosphäre genauso umwerfend, aber bis dahin wußte ich, was mir bevorstand, und war entschlossen, mich nicht beeindrucken zu lassen.

In Rom kam der Schock jedoch unerwartet. Ich war so benommen, daß ich beinahe den ersten Sprung abgeräumt hätte; das brachte mich schneller zur Besinnung als irgend

etwas anderes. Wenn ich mich nicht zusammennahm, würde ich nicht weit kommen. Wie ich mir vorgenommen hatte, galoppierte ich voll durch die Wendung und nahm kurz vor dem ersten Oxer auf; mit dieser Taktik hatte ich mehr Erfolg. Sunsalve schlug zwar am ersten Sprung heftig an, aber beide Hindernisse blieben stehen – dachte ich.
Ich war mir während dieses Umlaufs keines Fehlers bewußt, und als ich durchs Ziel ritt, wurden im Lautsprecher null Punkte verkündet. Später entschieden die Richter, daß wir vier Fehlerpunkte hätten, obwohl ich nie herausgefunden habe, an welchem Sprung das passiert sein soll. Einige Leute meinten, am Wassergraben, aber ich bin ganz sicher, daß dort reichlich Luft blieb. Möglicherweise ist an jenem ersten Oxer doch noch eine Stange gefallen – ich weiß es bis heute nicht. Sonst wäre Sunsalve der einzige fehlerlose Umlauf des Tages gelungen.
In Rom gewannen Deutschland die Goldmedaille in der Mannschaftswertung, die USA die Silbermedaille und Italien die Bronzemedaille. Damit hatten die Deutschen in drei Anläufen seit dem Krieg zweimal gesiegt. In Tokio gelang ihnen dann der Hattrick. Wie 1956 in Stockholm gehörten zur deutschen Mannschaft zwei der erfolgreichsten Gespanne, die es im Springsport je gegeben hat: Hans Günter Winkler auf Halla und Fritz Thiedemann auf Meteor. Dritter Mann war Alwin Schockemöhle, der wie ich zum erstenmal an Olympischen Spielen teilnahm. Halla war damals fünfzehn Jahre alt und ging kurz darauf in die Zucht. Winkler und Halla sicherten Deutschland den Sieg mit einem großartigen zweiten Umlauf, bei dem Halla nur am allerletzten Hindernis eine Stange mitnahm, und Deutschland gewann mit dem bequemen Vorsprung von neunzehneinhalb Punkten.

5

Weltmeisterschaft und Europameisterschaft

Anschließend fuhren David Barker und ich mit der Bahn nach Venedig, wo die Weltmeisterschaft der Springreiter ausgetragen wurde. Zu jedem anderen Zeitpunkt wäre das für uns ein großes Ereignis gewesen, aber so, eine Woche nach den Olympischen Spielen, war es mehr ein Anhängsel. Wir fuhren nach Venedig, als ob wir nur eben ein Turnier mitnähmen, das am Heimweg lag.

Unseren ersten Erfolg hatten wir als Handwerker. Nach einem Blick auf die wackligen Boxen, in denen wir unsere Pferde unterstellen sollten, war uns klar, daß wir versuchen mußten, selbst etwas Besseres zuwege zu bringen. Wir bauten also eigenhändig Ställe, und sie waren gar nicht so schlecht.

Unser nächstes Ziel war, in den drei Qualifikationen genügend Punkte zu sammeln, um ins Finale der Weltmeisterschaft zu kommen. Ich durfte nur Sunsalve reiten, aber zum Glück war er ein gutes Allroundpferd, das sowohl schnell gehen als auch mächtig springen konnte. Ohne besondere Anstrengung belegten wir in der Punktwertung am Ende der Qualifikationen den zweiten Platz. Die anderen drei Finalisten waren Raimondo d'Inzeo (Italien), Bill Steinkraus (USA) und Carlos Delía (Argentinien).

Wie 1970 in La Baule mußte jeder Reiter auch die Pferde der Konkurrenten reiten, und Gowran Girl, das Pferd von Raimondo d'Inzeo, ist mir heute noch als das schlimmste

Pferd in Erinnerung, auf dem ich je gesessen habe. Mit dieser Meinung stand ich übrigens nicht allein. Steinkraus und Delía fanden die Stute genauso widerspenstig. Es versteht sich, daß ein Pferd, das sonst keiner reiten kann, bei solchen Anlässen äußerst vorteilhaft ist. Raimondo gewann den Titel dank der Dickköpfigkeit seiner Stute mit den Händen in der Hosentasche.

Vor den anderen beiden Pferden hatte ich keine Angst. Billy Steinkraus' Ksar d'Esprit war ein großer, guter Springer, wundervoll geritten und so bequem wie ein Schaukelstuhl. Carlos Delías Huipil hatte viel Ähnlichkeit mit Discutido, der zu jener Zeit bei uns zu Hause in Monmouthshire stand und den Delía 1956 in Stockholm geritten hatte. Von Huipil wußte ich schon eine ganze Menge, bevor ich überhaupt im Sattel gesessen hatte. Nach Gowran Girl war Sunsalve vermutlich das schwierigste Pferd. Raimondo d'Inzeo hatte beim Auslosen am meisten Glück gehabt und ritt ihn gleich nach mir. Er ging einigermaßen, wurde aber mit jeder Runde ein bißchen schlechter. Im Anlauf auf den Wassergraben, den letzten Sprung, wurde er von Mal zu Mal heftiger, und Carlos Delía verschlimmerte die Situation noch, weil er die Sporen einsetzte. Außerdem verwickelte sich Sunsalve unter ihm in die niedrige Absperrung um den Springplatz, und als er seinen Ritt beendet hatte, war das Pferd ziemlich außer Fassung.

Delías Ergebnis war noch nicht einmal so schlecht gewesen, aber Steinkraus hatte dann alles auszubaden. Billy hatte das Pech, ihn als letzter zu reiten, und jetzt war Sunsalve das reinste Nervenbündel. In Richtung auf den Wassergraben nahm er ihm vollständig die Hand, sprang einen Galoppsprung zu früh ab, kam auf den Grabenrand – und Billy lag mit gebrochenem Halswirbel am Boden.

Im Endergebnis behielt Raimondo d'Inzeo den Titel, den er vier Jahre zuvor in Aachen gewonnen hatte, Carlos Delía wurde Zweiter, ich Dritter und Bill Steinkraus Vierter.
Das Finale dieser Weltmeisterschaft hatte Sunsalve nicht gerade gut getan, und ich sprang ihn erst einen Monat später wieder, auf der Horse of the Year Show. Bis dahin war er zum Glück schon wieder in Form, und zwar so, daß er den Spieß umdrehen und das Goldgespann von Rom, Raimondo und Posillipo, besiegen konnte.
Meinen ersten großen Erfolg in diesem Jahr im Empire Pool hatte ich im Mächtigkeitsspringen, das glücklicherweise entschieden wurde, bevor Sunsalve seine Grenze erreichte. Dank seinem fehlerlosen Sprung über die 1,95 m hohe Mauer hatte ich Raimondo d'Inzeo zum erstenmal geschlagen. Wenn ich ehrlich sein will, muß ich zugeben, daß Posillipo alles andere als ein Sb-Pferd war, aber das war mir damals völlig egal. Ich hatte den Italiener besiegt, und das allein zählte. Am Ende der Woche gewann Sunsalve den Sunday Graphic Cup, den Schlußwettbewerb der Horse of the Year Show, der den Titel «Victor Ludorum» trägt, und ich gewann als erfolgreichster Reiter in internationalen Wettbewerben die Harringay-Sporen.
Inzwischen war Sunsalve eine Berühmtheit geworden, eine Art Starpferd. Er war ungeheuer klug und begabt und genoß den Applaus wie eine Primadonna. Nachdem er vier oder fünf große Springen gewonnen hatte, die im Fernsehen übertragen wurden, war er weit über die Grenzen der Fachwelt hinaus bekannt und berühmt. Vermutlich verdanke ich es Sunsalves Popularität – plus der Tatsache, daß ich jung und ein neuer Stern am Reiterhimmel und weiß Gott was alles war –, daß ich Ende 1960 den Fernsehpreis als Sportler des Jahres erhielt. Zur Debatte standen außer

mir noch zwei Goldmedaillengewinner – die Schwimmerin Anita Lonsborough und der Geher Don Thompson – die mich sehr wohl hätten schlagen können, aber ihnen fehlte eben das Superpferd, das jeder liebte. Keiner wollte uns vorher verraten, wer den Preis bekommen hatte, so daß meine Nerven während der Sendung ziemlich strapaziert wurden. Der Gewinner mußte nämlich eine Rede halten! Heute regen mich Fernseh-Interviews nicht mehr auf, aber damals taten sie es – und erst Reden!

Anschließend ging ich nach Monmouthshire in den Winterschlaf, und auch die Pferde erhielten eine wohlverdiente Ruhepause. Vor Beginn der nächsten Turniersaison erklärte sich Mr. Anderson einverstanden, mir Sunsalve noch ein weiteres Jahr zu überlassen. Natürlich freute ich mich riesig: Sunsalve sprang traumhaft und hatte ein unwahrscheinliches Springvermögen! Ich konnte ihn aus jedem Winkel gegen das Hindernis reiten, ihn von beinahe überall abschicken – er sprang fehlerlos. Anhänger eines orthodoxen Reitstils bekamen vielleicht eine Gänsehaut, wenn sie ihn springen sahen, aber das spielte keine Rolle. Im Springsport zählen die Ergebnisse, und Sunsalve verdankt seine Berühmtheit einzig und allein seinen Resultaten.

Wenn ich es mir heute überlege, glaube ich fast, daß es für mich ein Glück war, daß ich dieses Pferd fand, als ich erst zwanzig war und mich lieber auf meine Intuition als auf mein Urteil verließ. Manche Leute hielten mich für verrückt, weil ich Sunsalve meterweit vor einem Hindernis ab-

---

Oben: Wildfire und ich mit meinem Bruder Frederick auf Beauty, der ich meine ersten Springerfahrungen verdanke. ▷
Unten: Jagdpferdeprüfung mit Ballan So So, einem der ersten Pferde, die ich in Seniorenwettbewerben ritt. ▷

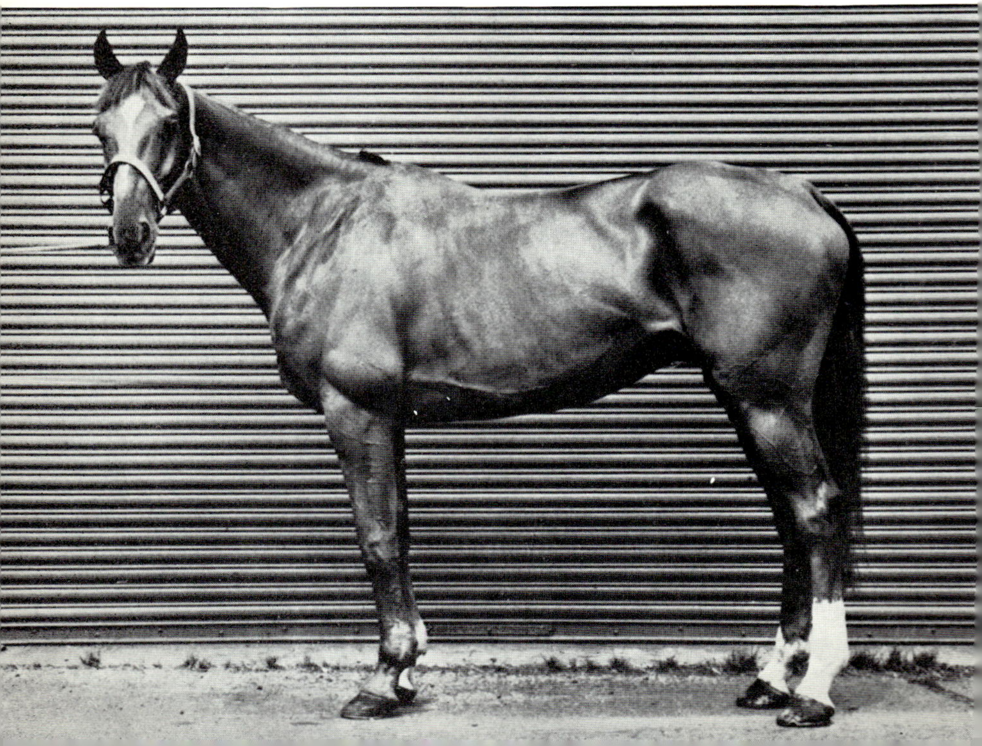

springen ließ, aber er konnte das und schien es zu genießen. Wenn ich ihn jetzt reiten würde, käme ich vielleicht in Versuchung, ihm eine rationellere Springmanier beibringen zu wollen – und das wäre bestimmt falsch. Sunsalve hätte sich nie auf einen orthodoxen Springstil umgestellt. Er war eine Kämpfernatur, und man mußte ihn einfach gewähren lassen. Es war mein Glück, daß ich damals jung genug war, mich ihm anzupassen.

Unser Hauptziel 1961 war die Europameisterschaft der Springreiter in Aachen, wo ich noch nie geritten hatte. Sunsalve war genau zur richtigen Zeit in Topform. Während der ganzen Meisterschaftsprüfungen machte er nicht einen einzigen Fehler, und als wir ins Finale gingen, wußte ich, daß ich den Titel gewinnen würde, wenn ich in diesem Springen den ersten oder zweiten Platz belegen konnte. Jede schlechtere Plazierung würde Piero d'Inzeo nach vorn bringen, der mir mit seinem Schimmel Pioneer auf den Fersen folgte.

Auf den Tribünen saßen beim entscheidenden Springen 35000 Zuschauer, und die Atmosphäre knisterte vor Spannung. Selten habe ich eine so intensive Stille – und am Ende jedes Rittes einen so ohrenbetäubenden Applaus erlebt. Die Spannung erreichte ihren Höhepunkt, als fünf Reiter (darunter Piero und ich) zum entscheidenden Stechen nach Fehler und Zeit antraten. Als ich auf Sunsalve einritt, hatten bereits drei meiner Konkurrenten den Parcours ohne Fehler beendet: Hans Günter Winkler auf Romanus in 40,1 Sekunden, Oberst Callado (Portugal) auf Konak in

---

◁ Zweimal Sunsalve: An seinem Gebäude war einiges auszusetzen, an seinen Fähigkeiten als Springpferd jedoch gab es keinen Zweifel.

39,1 Sekunden, und der Italiener Graziano Mancinelli auf Rockette in unglaublich schnellen 37,1 Sekunden.
Es kommt vor, daß ein Reiter, der selbst schon aus dem Rennen ist, einem Landsmann helfen kann, den Titel zu gewinnen, und genau das hatte Graziano Mancinelli in diesem letzten Wettbewerb in Aachen versucht; wenn es Piero gelang, das Springen zu gewinnen, und er mich auf den dritten Platz zurückdrängen konnte, war dem Italiener der Titel sicher. Als Rockettes Zeit angesagt wurde, sah es ganz so aus, als ob diese Taktik Erfolg gehabt hätte.
Für mich ging es nun um alles oder nichts, und als Sunsalve beim Einsprung in die Dreifache mit der Nase den Boden berührte, rückte das «Nichts» in bedrohliche Nähe. Kein gewöhnliches Pferd hätte sich aus dieser Position wieder aufrappeln können, aber Sunsalve war kein gewöhnliches Pferd. Irgendwie kam er wieder auf die Beine, brachte die Dreifache mit zwei enormen Sätzen hinter sich und endete ohne Fehler – in 36,7 Sekunden!
Graziano hatten wir nur um Sekundenbruchteile geschlagen, aber es reichte, um Winkler und d'Inzeo den Titel wegzuschnappen. Das war der offensichtliche Höhepunkt einer sehr erfolgreichen Woche, aber Sunsalves Superform beschränkte sich durchaus nicht auf die drei Prüfungen der Europameisterschaft. Bis zum letzten Tag unterlief ihm kein einziger Springfehler; dann, im Großen Preis, nahm er bei 1,95 m einen Aufsatz der Mauer mit.
Seine Erfolge und seine Ausstrahlung machten Sunsalve in Aachen zum Publikumsliebling, und ich bin sicher, er wußte es. Zur Schlußfeier stolzierte er auf den Platz wie ein Pfau, und als die Menge wie jedes Jahr anfing, «Muß i denn zum Städtele hinaus...» zu singen und mit Taschentüchern zu winken, hätte man meinen können, das alles ge-

schähe nur Sunsalve zu Ehren. Kein anderes Pferd trug den Kopf so hoch.

Erst zu Hause merkte ich, daß ich Sunsalve in Aachen zuviel zugemutet hatte. Der Boden war hart gewesen, die Parcours klotzig, und er hatte sich anscheinend sehr verausgabt. Die nächsten paar Monate war er wie ein übertrainierter Athlet: als ob eine Feder abgelaufen wäre. Erst beim Victor Ludorum in der Horse of the Year Show war er wieder der alte, und es minderte seine Leistung durchaus nicht, daß er im letzten Stechen nach Zeit geschlagen wurde, und zwar von Dundrum unter dem Iren Tommy Wade, der für seine Fähigkeit, mit kurzen Wegen Zeit zu sparen, berühmt war.

Das war die letzte Prüfung der Saison – und die letzte, in der ich Sunsalve überhaupt ritt. Wir konnten uns für das folgende Jahr mit Mr. Anderson nicht über die finanziellen Bedingungen einig werden, vielleicht hauptsächlich deshalb, weil Mr. Anderson das Pferd im Grunde für seine Tochter Elizabeth behalten wollte. Bei uns hatte Sunsalve im Tag sieben bis acht Pfund Hafer gefressen, aber da Elizabeth viel kleiner war als ich und ihn wahrscheinlich zu mächtig fand, wenn er Kraftfutter erhielt, wurde er auf Gerste und Kleie umgestellt. Ohne seine tägliche Haferration schien er aber nie richtig fit zu sein. Das letzte Mal habe ich ihn 1962 auf der Suffolk County Show gesehen. Ich saß auf Discutido, der mit ihm im vergangenen Jahr von Turnier zu Turnier gezogen war, und die beiden Pferde wieherten sich über den ganzen Abreitplatz hin zu. Aller Glanz und aller Stolz schienen von Sunsalve abgefallen zu sein; er glich in nichts mehr dem Pferd, das ich vor weniger als einem Jahr in Aachen geritten hatte.

Im Anschluß an die Suffolk Show fuhr ich nach Barcelona

zu einem Auslandsstart. Mein Vater war dabei, und im Laufe der Woche beschlossen wir, noch einmal mit Mr. Anderson zu sprechen und zu versuchen, ob er uns das Pferd nicht doch für den Rest der Saison überlassen würde. Wir konnten unseren Entschluß jedoch nicht mehr in die Tat umsetzen. Am selben Tag, an dem wir nach England zurückkehrten, ging Sunsalve ein.

6

Discutido und Bess

Zwei so grundverschiedene Springpferde wie Discutido und Sunsalve findet man selten. Sie kamen zwar in derselben Woche in unseren Stall und schieden kurze Zeit später auf demselben Turnier aus, aber sonst hatten sie nicht das geringste gemeinsam. Sunsalve machte riesige, übertriebene Sätze, wohingegen Discutido eines der rationellsten Pferde war, die ich je geritten habe. Er war der reinste Athlet, und dieser Tatsache hatte er es zu verdanken, daß er mit der Brust vor einem Hindernis landen konnte und dann, wenn man im Geiste schon ein Dutzend Stangen fliegen sah, vorne irgendwie zu Luft wurde und fehlerlos hinüberkam.
Als mein Vater Discutido 1960 auf der Royal Show kaufte, erklärte ich ihn für verrückt. Damals gehörte das Pferd Ted Edgar (der inzwischen mein Schwager wurde) und ging alles andere als gut. Es hatte die Kunst des Verweigerns derartig perfektioniert, daß es für den Reiter seinerseits zum Kunststück wurde, im Sattel zu bleiben. Davon abgesehen war Discutido auch nicht mehr der Jüngste; er war damals sicher schon neunzehn.
Wie sich herausstellte, war Vater durchaus nicht so verrückt. Es dauerte keine vierzehn Tage, da gewann Discutido sowohl für mich als auch für meine Schwester Elizabeth die ersten Springen, und im nächsten Jahr war er das gewinnreichste englische Pferd. Mit der Zeit lernte ich ihn als eines der besten Springpferde schätzen, die ich je ge-

ritten hatte. Er war in Argentinien gezogen und wurde zuerst vom früheren argentinischen Equipenchef, Oberstleutnant A. Molinuevo, geritten, der mit ihm bei den Olympischen Spielen in Helsinki 1952 den achten Platz in der Einzelwertung belegte. Dann kam er zu Carlos Delía, der ihn 1956 an der Olympiade in Stockholm ritt.
In den fünfziger Jahren hatten sich Discutido und Foxhunter, Oberst Harry Llewellyns berühmtes Pferd, erbitterte Zweikämpfe geliefert. Ich habe von einem Mächtigkeitsspringen 1952 in Luzern gehört, das erst nach fünf oder sechs Stechen entschieden wurde. Anscheinend standen dort zwei Sprünge so dicht hintereinander, daß mit steigender Höhe ein Punkt erreicht wurde, wo keines der beiden Pferde mehr in der Lage war, sie fehlerlos zu springen. Man hatte sich fast schon zu einer Teilung des Preises entschlossen, als Oberst Llewellyn auf einem weiteren Stechen bestand.
Ihm war ein Trick eingefallen, den er sogleich in die Tat umsetzte. Es war klar, daß die beiden Sprünge – ein Steilsprung aus Naturstangen und eine sehr ausladende Triplebarre – in gerader Linie nicht zu bewältigen waren. Oberst Llewellyn versuchte es also gar nicht mehr, sondern ritt zwischen den beiden Sprüngen eine Volte. Das kostete ihn nur drei Strafpunkte, wogegen ein Abwurf ihm vier eingebracht hätte. Captain Canaves, der Discutido damals ritt, erkannte sofort, daß er mit der gleichen Taktik wieder keine Entscheidung herbeiführen würde, während er siegen konnte, wenn er ohne Volte fehlerlos über beide Hindernisse kam. Er ritt also auf Sieg – und verlor, denn Discutido riß die Triplebarre.
Nach den Olympischen Spielen wurde Discutido für viel Geld nach Frankreich verkauft, aber sein neuer Besitzer

fand den richtigen Knopf nicht, und so wechselte er abermals den Stall. 1957 kaufte ihn Leonard Cawthraw und stellte ihn Ted Williams zur Verfügung. Dann erstand ihn Ted Edgar, und von ihm übernahm ihn mein Vater. Meine beiden Landsleute hatten mit diesem Pferd große Springen gewonnen, aber es war nicht zuverlässig – manchmal ging es, manchmal nicht. Ich stellte bald fest, daß Discutido eine ausgesprochene Persönlichkeit war und es manchmal richtiggehend genoß, seinen Reiter auf die Palme zu bringen.

Nach meinem ersten katastrophalen Start mit ihm ritt ihn Elizabeth auf der Royal Welsh Show (während ich mit Sunsalve in der Royal International in White City startete) und gewann mit ihm ein Springen. Eine Woche später, als Sunsalve für Dublin geschont werden mußte, stritten wir uns, wer Discutido in Blackpool reiten sollte – und ich gewann.

Außer uns interessierten sich noch eine Menge Leute für dieses Pferd, denn Discutido hatte einen beachtlichen Ruf als unzuverlässiges Biest, und jeder wollte ihn springen sehen. Schon beim Abreiten hatten wir ein zahlreiches Publikum, und als ich zum Start ritt, fiel mir auf, daß uns alle vom Abreitplatz zum Turnierplatz folgten, um uns zuzusehen. Es war mir ein Hochgenuß, vor einem so fachmännischen Publikum einen Nullfehlerritt hinzulegen.

Discutido gewann seinen guten Ruf nicht auf der Stelle zurück. Viele meinten, dieser erste Umlauf ohne Fehler sei nur ein Täuschungsmanöver; im Stechen nach Zeit würde man schon sehen. Sie irrten sich, wie ich befriedigt feststellen konnte. Zum Schluß gewannen wir nicht nur die Prüfung, wir gewannen sie sogar im Spazierritt. Discutido konnte sich das leisten. Er verfügte über solche Fähigkeiten und Erfahrungen, daß man von ihm nur lernen konnte. Bevor ich mit ihm auf Turniere ging, wußte ich nicht, was es heißt, mit einem Minimum an Anstrengung auszukommen. Er verdarb einen fast ein bißchen für andere Pferde. Er war so schnell und so klug, daß er Leistungen vollbrachte, die für andere Pferde schlichtweg außerhalb ihrer Möglichkeiten lagen.

Während desselben Turniers in Blackpool gewann ich die Royal Lancashire Meisterschaft auf Bess, die damals gerade fünf war. Mein Vater hatte die Stute Ende 1958 gekauft, vor Sunsalve und Discutido, und sie war immer noch erfolgreich, als deren Karriere bereits zu Ende war. Sie hatte etwas über 200 Pfund gekostet, und ich höre meinen Vater noch sagen, daß das für eine Dreijährige eigentlich eine Menge Geld sei. Inzwischen hatte sich ihr Kauf für uns als ein bemerkenswert vorteilhaftes Geschäft erwiesen.

Mein Vater hatte beim Pferdekauf immer viel mehr Glück als ich. Ich neige zu Vorsicht, während er zu jedem Lotteriespiel bereit ist. Wenn er zu einer Auktion geht, kann er ebensogut mit einem wie mit einem Dutzend Pferden nach Hause kommen, und wenn ich auch gelegentlich über die schlechten schimpfe, muß ich doch zugeben, daß sich das Risiko manchmal auszahlt. In all den Jahren hat mein Vater wirklich ein paar Spitzenpferde gekauft, darunter Bess und Discutido.

Bess ist von Pollards, einem der preisgekrönten Hengste, die zur Verbesserung der Hunterzucht eingesetzt werden. Sie wurde zuerst in aller Ruhe von Kenneth Phelps herausgebracht, der sie 1958 als Dreijährige auf ein paar regionalen Turnieren in Wales gestartet hat. Ende des Jahres kaufte sie mein Vater, und ich ritt sie im nächsten Jahr und qualifizierte sie für das Finale der Daily Express Foxhunter

Meisterschaft auf der Horse of the Year Show, die damals gerade in den Empire Pool in Wembley umgezogen war. Die Foxhunter Meisterschaft ist für alle jungen Pferde das Ereignis des Jahres. Die Nennungen sind außerordentlich zahlreich, aber Qualifikationen und regionale Ausscheidungskämpfe sorgen jeweils lange vor der Horse of the Year Show dafür, daß die Spreu vom Weizen getrennt wird. Bess belegte im Finale zwar nur den vierten Platz, aber für uns war sie das beste Pferd unter den Turnierneulingen in Wembley. Von den Pferden, die damals ins Finale kamen, machten später außer Bess nur noch wenige von sich reden.

Elizabeth hat diese Stute immer sehr geliebt. Sie war unglaublich gutmütig, sowohl im Stall als auch im Parcours, und sie gab immer ihr Bestes. Vor der Turniersaison 1961 machten wir deshalb aus, daß Elizabeth Bess reiten sollte und ich hauptsächlich Discutido. Damals hatten wir eine Reihe wirklich erstklassiger Turnierpferde im Stall: Wildfire und Ballan Silver Knight gingen immer noch sehr gut, Sunsalve und Discutido gewannen die fetten Brocken.

Im folgenden Jahr ritt ich Grand Manan für Mrs. Kidd und bekam damit eine weitere schlagkräftige Waffe in die Hand. Er war zwar absolut kein einfaches Pferd, hauptsächlich weil er die Angewohnheit hatte, über Weitsprünge größeren Ausmaßes ins Strampeln zu geraten, aber er konnte gewaltig springen. Auf dem ersten größeren Turnier des Jahres, in Hickstead 1962, gewann ich mit ihm eine wichtige Prüfung und verwies seine frühere Reiterin, Pat Smythe, mit Flanagan und Scorchin auf Platz zwei und drei. Kurz darauf sprang er im Nationenpreis von Barcelona zwei Nullrunden und war im Großen Preis Zweiter hinter Piero d'Inzeo auf The Rock.

Einige Zeit später ritt ich Grand Manan im Preis der Nationen auf der Royal International, zusammen mit Peter Robeson auf Firecrest, Pat Smythe auf Scorchin und David Barker auf Mister Softee. Er überraschte alle, mich eingeschlossen, mit dem besten Ergebnis von allen vier Pferden, und in der gleichen Woche teilte er sich mit Wildfire in den ersten Platz der nationalen Meisterschaft in Blackpool. Sein Name figuriert allerdings nicht auf den offiziellen Gewinnlisten, weil Wildfire zum Sieger proklamiert worden ist.

Auch Elizabeth war gut beritten. Sie hatte Ballan Excelsior, mit dem sie 1960 eine Nachwuchsmeisterschaft in Hickstead gewann, und sie hatte Bess, die ihr ein Jahr später noch einmal den gleichen Titel eintrug. Wir fingen damals gerade an, zusammen auf Turnier zu gehen, und es war eine schöne und glückliche Zeit. Meistens übernahm ich die Rolle des Chauffeurs, Elizabeth kochte, und Monica Baker, die zehn Jahre bei uns war, ehe sie den australischen Olympiateilnehmer John Fahey heiratete, betreute die Pferde.

Im allgemeinen gab es zwischen Elizabeth und mir keinen Konkurrenzneid. Wie in unseren Juniorentagen zählten wir die Gewinne zusammen und betrachteten sie als Familiengewinn. Ich erinnere mich allerdings an eine Gelegenheit, bei der Elizabeth anscheinend von Kampfgeist gepackt worden war. Wir hatten beide auf der Dorchester Show in einem Springen die einzigen Nullrunden geliefert, und da die Richter nicht mit einer Teilung des Preises einverstanden waren, mußten wir noch zu einem Stechen nach Fehler und Zeit antreten. Mir kam es witzlos vor, große Anstrengungen zu unternehmen. Wir würden ohnehin den ersten und zweiten Platz belegen und konnten also ebensogut zwei schöne, gemütliche Runden reiten. Aber diesmal war

Elizabeth anderer Meinung – sie ritt auf Sieg und schlug mich um Längen.
Dreieinhalb Jahre – von Mitte 1960 bis Ende 1963 – begleitete uns Discutido zu den meisten nationalen Turnieren. Manchmal ritt ihn auch Elizabeth. Der Reiterwechsel schien ihm zu bekommen, vielleicht trug das sogar zu unserem Erfolg mit ihm bei.
Wegen seines Alters paßten wir sehr auf ihn auf. 1961 war er einmal Zweiter und ein- oder zweimal Dritter; sonst gewann er entweder oder tauchte im Endergebnis überhaupt nicht auf. Wir zogen ihn nämlich sofort zurück, wenn er im ersten Umlauf den ersten Fehler beging. Er sollte nicht umsonst springen müssen. Wenn wir das Gefühl hatten, daß ihm der Parcours nicht lag, daß er Schwierigkeiten haben würde, ließen wir ihn gleich in der Box. Wir wollten um jeden Preis vermeiden, daß er einmal mitten in ein Hindernis sprang und sich ernsthaft weh tat. Das hätte uns sein Vertrauen kosten können.
Drei Winter lang saß ich vom Oktober bis zu seinem ersten Start im nächsten Frühjahr kein einziges Mal auf seinem Rücken. Eines der Mädchen brachte ihn vorher in Form, und ich bestieg ihn erst wieder auf dem Abreitplatz vor unserer ersten Prüfung, die er in allen drei Jahren gewann. Er besaß so viel Wissen und Erfahrung, daß ich ihn kaum zu arbeiten brauchte. Mehr als drei- oder viermal habe ich ihn zu Hause bestimmt nicht gesprungen; es war einfach nicht nötig.
Ein einziges Mal war ich über Discutidos bemerkenswerte Geschicklichkeit nicht so ganz glücklich, und zwar, als er mitten in einer dreifachen Kombination vor der Mauer stehenblieb und mich auf die andere Seite beförderte. Das Leben war nicht sehr sanft mit ihm umgegangen, und er

hatte seinen eigenen Kopf entwickelt. Manchmal gefiel es ihm auch, einen falschen Sprung anzuziehen, und dann war ich machtlos. Irgendwie habe ich diesen Funken Unabhängigkeit in ihm jedoch immer bewundert. Er hatte so viel Charakter, daß ich ihm nie lange böse sein konnte.
Noch heute halte ich Discutido für eines der besten Springpferde, und es war eine der großen Enttäuschungen meines Lebens, daß mir mit ihm nie ein Sieg in einem internationalen Springen gelang.
Einmal, im Sunday Times Cup 1961, waren wir nahe daran. Im letzten Stechen waren nur Discutido und Mayfly übrig, der unter Carol Beard zwei Tage vorher einen geteilten Sieg im Springen um den Titel «Springpferd des Jahres» errungen hatte. In diesem Parcours gab es eine Zweifache, die zweimal gesprungen wurde, zuerst vom Ausgang weg und dann in entgegengesetzter Richtung. Sowohl im ersten Umlauf als auch im ersten Stechen hatte Discutido diese Zweifache zuerst in zwei Galoppsprüngen und auf dem Rückweg in einem Sprung genommen. Im zweiten Stechen entschied die Zeit, und ich dachte dummerweise, daß wir schneller wären, wenn er beide Male nur einen Galoppsprung machte. Ich ritt ihn also mit viel mehr Fahrt dagegen.
Einen Augenblick lang schien sich Discutido zu fragen: «Was zum Teufel hat er nun vor?» Er hatte nicht die leiseste Absicht, seine Taktik jetzt noch zu ändern, und machte wie bisher seinen zweiten Galoppsprung. Weil wir jedoch diesmal wesentlich schneller waren als vorher, warf er den Aussprung ab. Es war unser einziger Fehler, und die Zeit war gut. Nach Carol Beards Ritt dachte ich wirklich, wir hätten es geschafft.
Der Parcours von Mayfly hatte zu Beginn viel langsamer

ausgesehen, bis er gegen Ende ebenfalls einmal abwarf und plötzlich zulegte. Die Zeitmessung erklärte ihn zum Sieger. Viele der anderen Starter, darunter auch Ted Williams, waren der Meinung, es müsse ein Irrtum vorliegen, und deshalb erhob ich Einspruch. Es nützte jedoch nichts. Das Springen war im Fernsehen übertragen worden, und die Unklarheit wäre leicht zu bereinigen gewesen, wenn sie den Film noch einmal hätten laufen lassen, aber davon wollte niemand etwas hören. Am meisten ärgerte mich, daß meine eigene Fehlentscheidung uns um einen klaren Sieg gebracht hatte.

Ende 1963 merkte man Discutido an, daß ihm die Jahre zu schaffen machten. Das Springen fiel ihm nicht mehr so leicht, und deshalb zogen wir ihn aus dem Turniersport zurück. Gegen den Schluß seiner Karriere begann er mir leid zu tun, und das war schlecht, weil ich ihn nun nicht mehr entschieden genug antrieb, aber für mein Gefühl gibt es nichts Schlimmeres, als zusehen zu müssen, wie ein ehemals gutes Springpferd verfällt.

Er kam dann zu Miß Lyons, einer Rechtsanwältin in Abergavenny, die ihn auf Jagden ritt. Nach zwei oder drei Jahren, in denen er jeden Sprung genommen hatte, der ihm auf einer Jagd vor die Füße kam, ging er ein. Es war wieder hinter den Hunden, und ein seltsamer Zufall wollte es, daß er in der Nähe von Oberst Llewellyns Besitz starb, wo sein alter Erzrivale Foxhunter zu grasen pflegte. Discutido hatte ich besonders gern gehabt, und die Nachricht von seinem Tod berührte mich tief.

7

Vor Tokio

Am Anfang des Olympiajahres 1964 sah es so aus, als würde Großbritannien eine nahezu unschlagbare Mannschaft entsenden. Wir hatten vier wirkliche Spitzenpferde – Mister Softee, der damals von David Barker geritten wurde, Bob Hansons Merely-a-Monarch und O'Malley (geritten von Anneli Drummond-Hay und Harvey Smith) und Peter Robesons Firecrest. Von mir war überhaupt nicht die Rede; ich hatte nicht nur nichts Vergleichbares, ich hatte so gut wie gar nichts. Schon auf regionalen Turnieren mußte ich mich anstrengen, wenn ich gewinnen wollte; internationale Prüfungen – von den Olympischen Spielen ganz zu schweigen – schienen unerreichbar.

Wildfire sprang zwar immer noch, aber sein Alter machte sich bemerkbar. Ballan Silver Knights Grenzen lagen ein gutes Stück unter olympischem Niveau. Er war ein sehr langes Pferd, so lang, daß er fast aus zwei Teilen zu bestehen schien, und er war ziemlich faul und nahm oft aus reiner Nachlässigkeit eine Stange mit. Trotzdem gewann er erstaunlich oft, als ich nicht viel anderes im Stall hatte und ihn konzentriert ritt. Es war Schwerarbeit, ihn zusammenzuhalten und auf die Hinterhand zu setzen, aber die Ergebnisse bewiesen, daß sich die Mühe lohnte.

1963 und Anfang 1964 war Mr. Pollard aus dem Stall von John King mein bestes Pferd. Mit ihm erlangte Pat Smythe ihren ersten und einzigen Erfolg im Queen Elizabeth Cup

(1958), ein Jahr nachdem ihn Elizabeth Anderson mit dem damals noch ganz jungen Sunsalve gewonnen hatte. Wie Discutido war auch Mr. Pollard unter Ted Williams und Ted Edgar gegangen, bevor ich ihn übernahm. Bei unserem ersten Start, am Taunton Jumping Festival im Frühjahr 1963, führten wir uns gleich gut ein: Wir gewannen nicht nur, wir schlugen sogar Harvey Smith auf O'Malley um $^2/_5$ Sekunden. Natürlich platzte John King fast vor Stolz auf sein Pferd.

Mr. Pollard war ein grundanständiges Pferd mit viel Springvermögen, und für mich war es eine Riesenenttäuschung, als er 1964 niederbrach. Wegen seines Alters und weil er über breiten Oxern, wie man sie gern bei Olympischen Spielen aufbaut, zum Strampeln neigte, war er für Tokio niemals ernsthaft im Gespräch gewesen. Trotzdem traf mich sein Verlust empfindlich, besonders weil ich damals so überaus knapp an guten Pferden war.

Im Verlauf des Jahres 1964 setzte die BSJA (British Show Jumping Association) eine Serie von drei Testspringen an, vermutlich in der Hoffnung, dadurch eine Finanzspritze für den Olympiafonds zu bekommen. Sonst hatten sie nämlich durchaus keinen Sinn. Die Reiter waren auch alles andere als begeistert, besonders nach dem ersten Test in Windsor, wo alle zwölf Mitglieder der engeren Auswahlmannschaft auf steinhartem Boden antreten mußten. Ich glaube, kaum einer von uns hätte einem wirklichen Spitzenpferd einen solchen Boden zugemutet, nicht einmal für viel Geld. Bei diesem Olympiatest ging es zudem nur um ein Radio.

Mir machte es nicht viel aus, weil ich nur Ballan Silver Knight zu reiten hatte, aber wenn ich ein Pferd wie Mister Softee hätte einsetzen müssen, wäre ich, gelinde gesagt, ziemlich sauer gewesen. Mister Softee ging in Windsor tatsächlich, unter seinem damaligen Reiter David Barker, und kurz darauf war er lahm und fiel für den Rest der Saison aus.

Beim zweiten Test in Wilmslow in Cheshire ritt ich Deric von Sammy Morphet und beendete die zwei Umläufe mit dem recht zufriedenstellenden Ergebnis von acht Fehlerpunkten. Obwohl Deric ein Klassepferdchen war, konnte niemand ihn ernsthaft als Olympiakandidaten in Betracht ziehen. Einige Monate später brach er außerdem nieder.

In diesen ersten beiden Testprüfungen 1964 hieß der Sieger Andrew Fielder auf Vibart, aber damit war dem Auswahlkomitee nicht geholfen, denn Andrew war erst siebzehn und bei Olympischen Spielen nicht startberechtigt. Es wurden verschiedene Vorstöße gemacht, um Vibart für mich freizubekommen, und obwohl er nicht gerade mein Typ war, hätte ich ihn natürlich mit Handkuß genommen. Die Fielders hatten aber keine Lust, der Mannschaft ihr bestes Springpferd zur Verfügung zu stellen, und das konnte ich gut verstehen. Ich hätte an ihrer Stelle diesen Vorschlag bestimmt ebenfalls abgelehnt.

Schon im Sommer 1964 lagen Englands Olympiahoffnungen am Boden. Mister Softee war lahm, Merely-a-Monarch verweigerte so ziemlich alles, was ihm vor die Füße kam, und O'Malley war nicht in Form – von den vier Pferden, die ein so unschlagbares Kleeblatt zu werden versprachen, war nur noch Firecrest übrig.

Ich dachte die ganze Zeit daran, daß auch Sunsalve erst

Das letzte Olympia-Testspringen vor Tokio. Oben von links nach rechts: Peter Robeson auf Firecrest, Harvey Smith auf Warpaint, ich auf Jacopo und David Boston Barker auf North Riding. Unten: Jacopo. ▷

A A

wenige Monate vor Rom aufgetaucht war, und hatte die Hoffnung auf ein geeignetes Pferd noch nicht aufgegeben. Wie im letzten Olympiajahr wurde vereinbart, daß ich bei der Royal International Horse Show in White City ein neues Pferd ausprobieren sollte, aber leider wiederholte sich der Erfolg, den ich damals mit Sunsalve gehabt hatte, nicht.

Es wurde sogar ein vollständiges Fiasko. Es handelte sich um Merely-a-Monarch, den Anneli Drummond-Hay im Oktober an Bob Hanson verkauft hatte mit der Abmachung, daß sie ihn weiterhin reiten durfte.

Pferde wie Monarch waren ziemlich selten. Seine Nominierung stand bombenfest, bis er bei Anneli die Oberhand gewann und anfing zu verweigern. Es gab keine sichtbare Entschuldigung für sein Benehmen. Er konnte phantastisch springen und fraß wahrscheinlich mehr Hafer als ihm guttat. Er gab einfach an. Bob Hanson beschloß deshalb, etwas zu unternehmen, und ließ das Pferd unter dem Vorwand einer tierärztlichen Untersuchung zu sich kommen. Ganz im geheimen wurde ausgemacht, ihn nach White City zu verladen, wo ich ihn bei der Royal International Horse Show reiten sollte.

Monarch reiste nachts von Yorkshire nach White City und kam am Eröffnungstag morgens um sechs Uhr an. Harvey Smith und ich standen um sieben auf, um mit Monarch zu arbeiten. Wenn uns um diese Tageszeit jemand gesehen hätte, wäre ihm sofort klar gewesen, daß etwas im Busch war. Wir sind nicht als Frühaufsteher bekannt.

◁ Oben: Mister Softee.

◁ Unten: Mit Mister Softee bei den Olympischen Spielen in Mexiko 1968.

Ich hielt Monarch von den Hindernissen fern, bis er etwas Dampf abgelassen hatte und aufhörte zu buckeln. Dann versuchte ich, ihn ohne Verweigern zum Springen zu bringen; das war ein schönes Stück Arbeit und dauerte seine Zeit. Doch wir machten Fortschritte, und zum Schluß ging er ganz nett.

Ich hatte ihn für ein Springen am Nachmittag gemeldet, aber heute weiß ich, daß ich gar nicht erst hätte versuchen sollen, ihn dort zu springen. Die Royal International Horse Show ist nicht ganz das Richtige, wenn man ein saures Pferd zu korrigieren hat. Statt dessen hätte ich ihn auf den Anhänger stellen und nach Wales schicken sollen. Dort hätte ich mit ihm arbeiten können, wenn ich von White City zurückgekommen wäre, und dann hätte ich mir für meinen ersten Start ein kleines regionales Turnier aussuchen können. So blieb er mir zweimal stehen, und obschon er den Parcours wenigstens beendete, brachte er es doch auf insgesamt fünfundzwanzig Fehlerpunkte. Unsere Vorstellung ermutigte Anneli und ihre Mutter, Bob Hanson zu verklagen, und das Pferd wurde aus White City abgeholt. Ich bekam keine zweite Chance mehr.

Trotz allem blieben Anneli und ich gute Freunde. Mir lag auch viel daran, daß wir uns jetzt nicht etwa die kalte Schulter zeigten und nicht mehr miteinander sprachen, und wahrscheinlich ging es Anneli ebenso. Ich bin überzeugt, daß es überhaupt keine Probleme gegeben hätte, wenn ich Monarch damals zu uns nach Hause genommen hätte, statt ihn gleich zu starten. Bekanntlich hatte Anneli mit ihm von da an einen Erfolg nach dem andern, und er geht heute noch.

Im Frühjahr 1964 verlobte sich meine Schwester Elizabeth mit Ted Edgar und begann mit großem Erfolg, sein Pferd

Jacopo zu reiten. Sie gewannen das nationale Championat und das Sb auf der Royal International und gehörten zu jener Mannschaft, die Italien und die USA im Prince of Wales Cup schlug. In diesem Jahr mußte ich mich mit den kleineren Preisen begnügen, aber als Familie standen wir immer noch gut da, denn Elizabeth brachte mit Jacopo und Bess eine ganze Menge Siege nach Hause.

Ende 1964 war klar, daß Jacopo zur Olympiade reisen würde. Er war ein gutes Pferd, wenn auch kein Spitzenpferd, und wenn die Auswahl größer gewesen wäre, hätte man ihn sicher nicht genommen – aber nach den vielen Ausfällen war sie alles andere als groß. Der Mannschaftssieg im Prince of Wales Cup hatte bei einigen vielleicht Hoffnungen erweckt, aber für Kenner war es klar, daß er im Hinblick auf die Spiele nichts zu bedeuten hatte. Der Parcours hatte die britischen Pferde eindeutig begünstigt; es gab Steilsprünge, die sie gewöhnt waren, aber keine Weitsprünge, wie man sie mit Sicherheit in Tokio antreffen würde.

Im August stellten mir Ted und Elizabeth das Pferd zur Verfügung. Das Auswahlkomitee hatte vorher bei meiner Schwester angefragt, ob sie Jacopo in Tokio gegebenenfalls selbst reiten würde, und ohne ihre ausgesprochene Aversion gegen Flugreisen hätte sie es wohl auch getan. Aber Elizabeth wollte auf keinen Fall nach Japan fliegen.

Das Fliegen war ihr vor einigen Jahren gründlich verleidet worden, als wir von einem Turnier in Rotterdam zurückkehrten. Wir durchlitten damals die aufregendste Stunde unseres Lebens. Der Beschluß des Verbandes, die britische Mannschaft nach Rotterdam zu fliegen, hatte uns überrascht, aber nicht beunruhigt. Es schien nur eine unnötige

Extravaganz, weil der Weg per Transporter und Fähre sehr einfach zu bewerkstelligen ist. Weniger gefiel uns, daß wir für den Rückflug schon um sieben Uhr morgens am Flughafen sein sollten. Dort herrschte zudem so dicker Nebel, daß wir stundenlang warten mußten. Um zwei Uhr nachmittags schließlich landete eine Maschine, die sechs unserer zwölf Pferde nach England zurückbringen sollte.

In den meisten kleinen Flugzeugen stehen die Pferde zu zweit in Verschlägen den Mittelgang hinunter. Diesmal standen je drei mit den Köpfen zueinander und hatten folglich sehr wenig Platz. Wir warfen einen Blick auf die engen Verschläge und weigerten uns, auch nur ein Pferd unter diesen Bedingungen zu verladen. Wir hielten es für sehr gefährlich und riefen die Verbandsvorsitzenden in London an, um unsere Einwände darzulegen.

Es stellte sich heraus, daß dies die einzige Möglichkeit war, wenn wir nicht weitere vier Tage in Rotterdam verbringen wollten. Der Verband übernahm die volle Verantwortung für den Flug und versprach, für etwaige Schäden aufzukommen. Uns war immer noch nicht wohl dabei, aber wir verluden sechs Pferde, und mein Vater, Elizabeth sowie der Pferdepfleger von Peter Robeson und ich blieben mit den übrigen sechs zurück.

Wir mußten warten, bis das Flugzeug zurückkam, und es wurde sieben oder acht Uhr abends, bis auch wir endlich abfliegen konnten. Wir waren noch keine fünfzehn Minuten in der Luft, da ging Peter Robesons Pferd Firecrest die räumliche Enge auf die Nerven, und er begann wild gegen die Wand seines Verschlages zu keilen. In erschreckend kurzer Zeit hatte er ein großes Loch hineingetreten. Dann steckte er einen Fuß durch und riß sich an den scharfen Rändern der Metallverkleidung die Haut auf. Natürlich wurde das Pferd davon nicht ruhiger. Immer, wenn es den Fuß wieder zurückzog oder weiter durchsteckte, wurde die Wunde noch ein Stück tiefer und Firecrest noch ein bißchen verrückter. Wir mußten ihn um jeden Preis auf den Beinen halten und gleichzeitig die anderen Pferde beruhigen, die zu schnauben und zu stampfen anfingen, sobald sie das Blut von Firecrests Wunde rochen. Es fehlte nicht mehr viel zum vollständigen Chaos.

Glücklicherweise stand Firecrest neben Ballan Silver Knight, den so leicht nichts aus der Fassung brachte, und der sich auch jetzt von der allgemeinen Aufregung nicht anstecken ließ. Einen Tierarzt hatten wir nicht an Bord, ein Beruhigungsmittel konnten wir Firecrest deshalb nicht verabreichen. Wenn es zum Letzten gekommen wäre und er uns alle in Gefahr gebracht hätte, wären wir hilflos gewesen. Wir hätten ihn nicht einmal töten können. Ich brauche wohl kaum zu sagen, daß der Flughafen Gatwick ein hochwillkommener Anblick war.

Später sah ich mir das Flugzeug von außen an. Dort, wo Firecrest den Boden bearbeitet hatte, war eine richtige Beule im Rumpf. Nach diesem Alptraum von einem Flug ging er einige Monate lahm, denn die Wunde war tief, und er hatte viel Blut verloren. Obwohl Peter Robeson nicht an Bord gewesen war, wußte er, daß er Glück gehabt hatte, sein Pferd überhaupt lebend wiederzubekommen.

1964 sollte Firecrest nach Tokio fliegen. Trotz Elizabeths Angst bestand kein Grund zur Annahme, daß er wieder Schwierigkeiten machen würde. In der Düsenmaschine wartete ein viel geräumigeres Abteil auf ihn, und es war nur der Mangel an Platz, der ihn so nervös gemacht hatte, sonst nichts.

8

Die Olympischen Spiele in Tokio

Im August 1964 ritt ich Jacopo im dritten und letzten Testspringen auf der British Timken Show. Der Parcours war schwer, aber durchaus im Rahmen seiner Möglichkeiten, und er machte in beiden Umläufen nur einen einzigen Fehler. Dank dieser Leistung schaffte ich die Teilnahme an den Spielen noch im allerletzten Augenblick.
Daß Peter Robeson und Firecrest nach Tokio gehen würden, stand außer Zweifel. Um die anderen drei Plätze aber gab es viele Spekulationen, die schließlich, nach der Timken Show, durch die Nominierung von Peter und mir sowie von David Boston Barker auf North Riding und seinem Bruder William auf North Flight beendet wurden.
Im Anschluß an die Horse of the Year Show flog ich gleich mit David Boston Barker (dessen Vetter mit mir in Rom gewesen war) nach Tokio. Wir kamen zwölf Tage vor dem Olympischen Springen an, das sowohl über die Mannschafts- als auch über die Einzelwertung entscheiden sollte, und ich beging den katastrophalen Fehler, Jacopo eine Woche zu früh in Topform zu bringen. Es war eine ganz dumme Fehleinschätzung, und ich hätte mich ohrfeigen können, als mir klar wurde, was passiert war.
Man gerät leicht in Versuchung, zu früh mit dem Training zu beginnen. Sobald ich in Tokio war, ließ mich das Gefühl nicht los, daß ich mich und das Pferd irgendwie auf die große Prüfung vorbereiten mußte, die auf uns zukam. Ich

hatte ja auch nichts anderes zu tun. Der einzige Grund meines Aufenthaltes in Japan war, Jacopo für die Olympische Springprüfung zu trainieren. Die Pferde waren daran gewöhnt, nicht länger als vierundzwanzig Stunden vor einem Turnier anzukommen, und fanden diese lange Vorbereitungszeit wahrscheinlich verwirrend. Sie wissen ja schließlich nicht, daß sie an Olympischen Spielen teilnehmen, und sie dachten sicher jeden Morgen, daß es nun losgehen würde. Nach zwölf Tagen Training hatte Jacopo jegliches Interesse verloren.

Etwa eine Woche vor der Prüfung erreichte das Pferd seinen Höhepunkt, und ich fühlte mich wie ein König. Ich glaube, er ist in seinem ganzen Leben nie besser gesprungen als in jenen ersten fünf Tagen in Tokio. Von da an wurde er jeden Tag ein bißchen schlechter. Der Funke erlosch langsam. Als Generalprobe sprangen wir drei Tage vor dem olympischen Wettbewerb einen wirklich schwierigen Parcours, und obwohl Jacopo zwei Nullrunden sprang, war er nicht mehr derselbe. Ich weiß noch, daß ich mich danach zu Peter Robeson umdrehte und sagte: «Meinem Pferd reicht's.»

Natürlich hatte ich nicht allein Probleme. Billy Steinkraus machte eine noch schlimmere Enttäuschung durch, als Sinjon, auf dem er im gleichen Jahr den King's Cup in White City gewonnen hatte, in letzter Minute lahm wurde und nicht starten konnte, und der englische Military-Reiter Richard Meade rutschte im Schlußspringen mit Barberry vom ersten auf den achten Platz.

Dafür war Fortuna den Italienern hold. Sie hatten Graziano Mancinelli entsandt, der als Ex-Professional galt, und hofften, daß man ihn mitmachen ließ. Das Glücksspiel hatte sich gelohnt. Bis zum letzten Tag blieb alles offen, aber dann

stand seine Teilnahme fest. Soviel ich weiß, hat niemand wegen seiner angeblichen Vergangenheit als Berufsreiter Einspruch erhoben.
Da North Flight, William Barkers Stute, in Tokio nicht in Ordnung war, stand von Anfang an fest, daß wir anderen drei die britische Mannschaft bilden würden. Es gab nie Reibereien oder Auseinandersetzungen zwischen uns; wir Reiter sowie unser Equipenchef Nat Kindersley und Vater, der sich um die Pferde kümmerte, kamen alle prima miteinander aus und waren sicher eines der glücklichsten britischen Olympiateams aller Zeiten.
Unsere Prüfung fand am Schlußtag der Spiele im Olympiastadion statt, und bis dahin war der Boden zu einem Problem geworden. Er erinnerte an einen gedeckten Apfelkuchen: die Pferde brachen immer durch die oberste Schicht. Besonders auf dem Abreitplatz sanken sie bis zu 30 cm tief in den Schlamm ein. Es war unmöglich, auch nur einen anständigen Sprung vor dem Einreiten hinzukriegen.
Am ärgerlichsten an Jacopos Formverlust war, daß der Parcours in Tokio wie für ihn gemacht schien. Er hätte ohne weiteres zwei gute Runden springen können, wenn er seine Form nicht zu früh erreicht hätte und nun schon im Abstieg begriffen gewesen wäre.
Beim Abgehen hatte Peter Robeson gesagt: «Dieser Parcours ist einem gewissen Pferd wie auf den Leib geschneidert – und zwar Jacopo.» Vom Springvermögen her wäre er auch in der Lage gewesen, diese Hindernisse zu nehmen, das bewies schon die Tatsache, daß er nur einen Sprung zweimal abwarf. Alle übrigen bildeten für ihn eigentlich kein Problem. Das war nur ein schwacher Trost, denn wir brachten es trotzdem auf ein Gesamtergebnis von misera-

blen siebenunddreißig Punkten in zwei Umläufen. Zweimal war er ins Wasser getreten – er neigte schon immer dazu, mit der Hinterhand vor der Begrenzung aufzusetzen, und daß wir vom vorhergehenden Sprung nicht in Schwung gekommen waren, machte die Sache auch nicht gerade besser. Außerdem hatte er noch sieben Abwürfe – drei im ersten Umlauf und vier im zweiten. David Boston Barker auf North Riding brachte es auf vierundzwanzigeinhalb Fehler in zwei Umläufen, so daß Peter und Firecrest erwartungsgemäß das beste Ergebnis für England erzielten.
In der Startfolge hatte Peter das schlechteste Los gezogen, das überhaupt möglich war: Nummer eins. Das hieß, daß er um sieben Uhr morgens zum Einreiten bereit sein mußte, was an sich schon für die meisten Menschen eine Zumutung wäre. Für Peter war es geradezu eine Leistung, so früh auf und fertig zu sein. Das schlimmste aber ist, daß Olympia-Prüfungen fast nie pünktlich anfangen. Die ersten in der Startfolge müssen zur festgesetzten Stunde antreten und haben dann oft eine nervenaufreibende Wartezeit vor sich, bis das Springen wirklich beginnt. In Tokio betrug die Verspätung fünfunddreißig Minuten, und das ist eine lange Zeit, wenn ein Pferd schon warm geritten und startbereit ist.
Trotz dieses Nachteils unterliefen Firecrest im ersten Umlauf nur zwei Fehler, und am Nachmittag warf er genau dieselben Sprünge (beide mit Wasser) wieder ab. Natürlich hätten wir gern irgendeine Medaille mit nach Hause genommen, und daß Peter der einzige war, der eine reelle Chance hatte, war uns schnell genug klar. Mit seinem Gesamtergebnis von sechzehn Punkten mußte er schließlich mit dem Australier John Fahey auf Bonvale um die Bronzemedaille stechen. Die beiden Barkers und ich schrien auf der Tribüne wie die Verrückten, und Firecrest sprang tatsächlich eine

glänzende Nullrunde, so daß Peter das olympische Podest besteigen durfte.
Die Goldmedaille in der Einzelwertung gewann, wie schon vor zwölf Jahren in Helsinki, der Franzose Pierre Jonquères d'Oriola. Sein fehlerloser Ritt am Nachmittag auf Lutteur B war stilistisch wunderbar. Allerdings ist am französischen Reitstil nie viel auszusetzen, wenn alles glatt geht. Die Bewegungen der Pferde scheinen zu fließen, und sie bieten einen herrlichen Anblick – aber gleichzeitig brauchen sie eine bestimmte Art Parcours, um gute Ergebnisse zu erzielen. Es gibt Parcours, besonders solche mit schwierigen Abständen in Kombinationen, die dem französischen Reitstil einfach nicht liegen. Ich unterhielt mich darüber einmal mit d'Oriola und seiner Frau, und sie waren beide der Meinung, daß der britische Reitstil zwar nicht besonders schön anzusehen, aber äußerst wirkungsvoll ist.
Die Deutschen, die in Tokio ihre dritte Mannschafts-Goldmedaille gewannen (und eine Silbermedaille in der Einzelwertung durch Hermann Schridde auf Dozent), haben wiederum einen anderen Springstil entwickelt. Er paßt sich weitgehend den Tieren der deutschen Pferdezucht an, die im allgemeinen groß und etwas schwerfällig sind und mit unwahrscheinlicher Genauigkeit geritten werden müssen. Sie werden deshalb tüchtig trainiert und dazu erzogen, sozusagen auf Knopfdruck zu funktionieren und das Denken ausschließlich dem Reiter zu überlassen.
Mir selbst liegen die reaktionsschnellen englischen und irischen Pferde mehr. Ich möchte ein Springpferd haben, das mir aus der Patsche helfen kann, wenn ich einen Sprung falsch eingeschätzt habe, und das tun unsere besten Pferde auch. Nur bei den schlechten treten alle unsere Fehler zutage. Außerdem glaube ich nicht, daß die meisten unserer

Spitzenpferde in Deutschland sehr alt würden. Man braucht schon ein großes, widerstandsfähiges deutsches Pferd, um über die mächtigen, äußerst soliden Sprünge zu reiten, die sie dort bauen. Ein Start in Aachen einmal im Jahr ist für unsere Pferde genug. Diese Art Parcours würden sie nicht lange aushalten.

Wie die Ergebnisse zeigen, fühlen sich die deutschen Pferde über den großen Sprüngen mit olympischen Ausmaßen ganz zu Hause. Sie gewannen wieder die Goldmedaille, obwohl das Team, das Deutschland nach Tokio entsandte, längst nicht so stark war wie jenes, das in Rom und Stockholm triumphiert hatte. Danach kamen Frankreich und Italien. Großbritannien belegte den vierten Platz. Unter den gegebenen Umständen war das gar nicht schlecht. Daß wir überhaupt noch unter die ersten vier gekommen waren, hatten wir nur Firecrests zwei Achtpunkterunden zu verdanken. Außerdem hatte er uns zur einzigen Medaille verholfen, die wir mit nach Hause tragen konnten.

9

Ende einer Ära

Bald nach unserer Rückkehr von Tokio heirateten Ted und Elizabeth. Jacopo wurde an Cynthia Inskip verkauft und finanzierte das erste Heim der Neuvermählten. Ich ritt ihn nie wieder. Statt dessen bekam ich ein anderes Pferd, mit dem Elizabeth 1964 viel Erfolg gehabt hatte – die Stute Bess.

Ich weiß, einige Leute hätten es richtiger gefunden, wenn wir Elizabeth die Stute mitgegeben hätten, als sie heiratete, aber wir waren damals verzweifelt knapp an guten Springpferden, und Bess war entschieden unser bestes Pferd im Stall. Elizabeth kannte die Lage so gut wie wir und erwartete gar nicht, die Stute behalten zu können.

Im Frühjahr 1965 begann ich Bess wieder zu springen, und wir gewannen innerhalb von fünf Wochen acht oder neun Championate. Nachdem ich so lange kein wirklich gutes Pferd mehr unter dem Sattel gehabt hatte, gab mir diese Erfolgsserie enormen Auftrieb. Nach mageren Zeiten war ich für Siege immer besonders dankbar. Am Ende des Jahres stand Bess auf dem dritten Platz in der Liste der gewinnreichsten Pferde, und da sie erst neun war, hofften wir, daß sie noch lange springen würde.

Leider mußten wir sie anderthalb Jahre später zurückziehen. Ihr Galopp wurde immer kürzer, und sie bekam Schwierigkeiten in Kombinationen. In weite Zweifache hatte man sie zwar schon immer sehr genau hineinführen

müssen, aber das war etwas ganz anderes. Sie war immer ehrlich gegangen, aber jetzt blieb sie mir einige Male in Kombinationen stehen, und da wurde mir klar, daß etwas nicht in Ordnung war.
Wir ließen sie in der Universität von Bristol untersuchen und röntgen, und es stellte sich heraus, daß sie Hufrolle hatte. Vielleicht hätte man sie noch einmal aufpäppeln und ein weiteres Jahr als Springpferd einsetzen können, aber wir versuchten es gar nicht erst. Sie kam sofort auf die Weide und verbringt jetzt die meiste Zeit auf der Koppel hinter unserem Haus. Hoffentlich hat sie ihrem ersten Fohlen, das 1970 auf die Welt kam, etwas von ihrem Mut und ihren Fähigkeiten mitgegeben.
Auch Ballan Silver Knights und Wildfires Turnierlaufbahn endete ungefähr zur selben Zeit. An der Horse of the Year Show 1966 nahmen noch alle drei teil, ein Jahr später keiner mehr. Mit Wildfire ging es mir ähnlich wie mit Discutido: ich merkte, daß ihm das Springen immer schwerer fiel, und mochte ihn nicht mehr antreiben.
Ich hatte Wildfire schon früher zurückziehen wollen, als ihm einmal die Füße weh taten, aber er erholte sich wieder, und Vater ließ ihn weiter gehen. Er gewann noch eine schöne Stange Geld, ohne daß es böse Nachwirkungen gehabt hätte. Alternde Springpferde können zu einem wirklichen Problem werden. Sie haben sich an den Erfolg gewöhnt und vermissen das Rampenlicht. Läßt man sie zu Hause, werden sie unzufrieden und unglücklich.
Ich erinnere mich noch, wie wir Wildfire einmal zum Royal Highland mitnahmen. Ich hatte vier Pferde dabei, durfte aber nur drei reiten, und da es pausenlos regnete und der Boden unter Wasser stand, ließ ich Wildfire in der Box. Am vierten Tag war er es so leid, daß er zum erstenmal in sei-

nem Leben nach einem Mädchen schlug. Wenn wir auf Turnier fuhren und ihn zu Hause ließen, machte es uns immer traurig, seinen Kopf über der Stalltür zu sehen. Es brachte uns zu Bewußtsein, daß ein ehemals großes Pferd jetzt übergangen wurde.

Schließlich nahm Vater ihn auf kleinere Turniere mit und ließ ihn unter meiner Schwester Mary oder einem Jungen gehen, der aus Irland zu uns gekommen war. An einem kleinen, eintägigen Turnier in Wales kehrte Wildfire nach beendetem Parcours zum Abreitplatz zurück und starb. Ich möchte nicht, daß es sentimental klingt, aber ich bin sicher, daß er sich einen solchen Tod gewünscht hätte.

Beim Turniersport scheinen Erfolg oder Mißerfolg immer in Wellen zu kommen. Manchmal hat man einen Stall guter Pferde beisammen, wie die, welche Vater in den fünfziger Jahren gekauft hat, und solange man mit ihnen Erfolg hat, bekommt man dauernd noch mehr Pferde zum Reiten angeboten. Bekanntlich hat nichts so viel Erfolg wie der Erfolg. Ich lehne ein neues Pferd nie gern ab. Erstens liebe ich die Herausforderung, die in jedem neuen Tier steckt, und zweitens bin ich mir nur zu bewußt, daß schon um die nächste Ecke wieder eine Dürrezeit auf mich warten kann.

Nach dem Turnier in Barcelona 1962 ritt ich, mit Ausnahme der Spiele in Tokio, vier Jahre lang überhaupt nicht im Ausland. Wildfire begann das Alter zu spüren; er gewann seine Springen zwar immer noch, aber es fehlte der Funke, der mir früher die Auslandsstarts eingebracht hatte. Aber gerade als Ballan Silver Knight, Wildfire und Bess abtraten, wendete sich das Blatt. Ich kehrte mit einem wirklichen Superpferd auf die internationalen Turnierplätze zurück.

10

Wendepunkt mit Mister Softee

Im Jahr nach den Olympischen Spielen in Tokio saß ich zum erstenmal auf Mister Softee, der John Massarella gehörte. An jenem Tag war ich mir noch nicht bewußt, daß dies der Wendepunkt werden sollte, auf den ich nun schon so lange gewartet hatte.

Bis dahin war das Pferd unter David Barker gegangen, und ich hatte es unzählige Male springen sehen und sein fabelhaftes Springvermögen und seinen Mut schätzen gelernt.

Anfang 1965 wurde David Bob Hansons O'Malley für Turniere angeboten, und er nahm an. Aus verschiedenen Gründen wollte er Mister Softee und O'Malley nicht gleichzeitig reiten. Er hat sich wohl deshalb für O'Malley entschieden, weil Mister Softee einige Zeit nicht ganz gut auf den Beinen gewesen war und er aus diesem Grund den größten Teil der Turniersaison verpaßt hatte. Das Risiko, abermals auf der Tribüne zu sitzen, falls sich die Sache wiederholte, war ihm offenbar zu hoch.

Mr. Massarella mußte also einen neuen Reiter für Softee finden. Zuerst ritt ihn John Lanni, und eine Zeitlang waren sie auch ein ziemlich erfolgreiches Gespann. Als aber im Juli 1965 die Royal International Horse Show herankam, begannen die Dinge schiefzulaufen. Wahrscheinlich war John Lanni zu klein für Mister Softee, der einen Reiter mit langen Beinen brauchte. Er war schwer zusammenzuhalten,

und da er keinen sehr ausladenden Galoppsprung hatte, mußte man ihn in weitgestellten Kombinationen manchmal ziemlich energisch vorwärtsreiten.
Bei der Royal International stürzte das Pferd gleich am ersten Tag, und zwei Tage später, im King's Cup, wieder. Nach dem zweiten Sturz trug man John Lanni auf der Tragbahre aus dem Parcours und brachte ihn sofort ins Krankenhaus. Jedem Reiter wird bei uns schon im Pony-Club eingeimpft, daß ein solcher Zwischenfall in der Erinnerung eines Pferdes hängenbleiben kann, besonders wenn es ohne Korrektursprung in seinen Stall zurückgebracht wird.
Aus diesem Grund, und weil John Lanni nicht mehr aktionsfähig war, sagte mein Vater zu John Massarella: «Wenn Sie jemand brauchen, der noch rasch einen Sprung mit ihm macht, damit er sein Vertrauen nicht verliert, hole ich David schnell her.» So kam ich auf dem Abreitplatz in White City zu meinem ersten Ritt auf Mister Softee. Damals maß ich dieser Tatsache keine Bedeutung bei. Ich galoppierte das Pferd ein paarmal ruhig herum, ließ es über einige Stangen gehen und gab es dem Pfleger zurück. Mr. Massarella hatte zugesehen, sagte aber nichts davon, daß ich das Pferd noch einmal reiten sollte, und so vergaß ich die Angelegenheit.
Etwa eine Woche später, als wir schon wieder daheim in Wales waren, rief Mr. Massarella an und fragte, ob ich Lust hätte, Mister Softee auf den nächsten Turnieren zu reiten. Natürlich sagte ich mit Begeisterung zu. Softee war damals eine Aufgabe. Er war bis Ende 1963 internationale Klasse gewesen, dann aber wegen Lahmheit und anschlie-

---

Beim britischen Springderby 1970 in Hickstead ritt ich Beethoven mit einem Zaum ohne Gebiß. ▷

Beethoven und ich in Hickstead 1970.

ßend wegen mangelnder Form zwei Jahre lang nicht mehr ins Ausland gekommen. Wenn alles gut ging, konnten wir vielleicht ein gemeinsames Comeback feiern.

Auf unserem ersten Turnier hatten wir im ersten Umlauf null Fehler und, soviel ich mich erinnere, einen im Stechen. Auf dem zweiten belegten wir zwei dritte Plätze. Der nächste geplante Start fiel aus. Ich hatte Softee zur Edenbridge Show nach Kent mitgenommen, und als ich ihn für das Hauptereignis abreiten wollte, ging er lahm. Er wurde behandelt und blieb sechs Wochen stehen, und dann war alles in Ordnung. Er war fit genug, noch bei der Horse of the Year Show zu starten, dem letzten Turnier 1965. Ganz richtig fiel der Groschen bei uns beiden aber erst im folgenden Jahr. Softee gewann vier der größten Springen des Landes, den King's Cup, das englische Springderby, das Olympia-Testspringen bei der British Timken Show und die Ronson Trophy, den Siegerpreis der Horse of the Year Show.

Für manche Leute war 1966 ein langweiliges Jahr, weil uns, nach einem Ausbruch von Sumpffieber in Frankreich, die Quarantänevorschriften vom Turniergeschehen auf dem Kontinent isolierten. Für mich war es alles andere als langweilig. Mir waren schließlich vier Jahre lang nur die regionalen Turniere geblieben, und bis auf meine Siege mit Bess in Landesmeisterschaften hatte ich mich mit kleineren Gewinnen begnügen müssen. Auch ohne Teilnehmer vom Kontinent oder aus den Vereinigten Staaten war der King's Cup noch immer das wichtigste Springen des Jahres, und unser Sieg gab mir großen Auftrieb. Außerdem konnte ich mich über einen «Beinahe-Auslandsstart» freuen – das internationale Turnier in Dublin.

Ich hatte 1966 eine ganze Menge Pferde zu reiten, aber

keines konnte Mister Softee das Wasser reichen. Außer Wildfire, Ballan Silver Knight und Bess hatte ich Sunsherpa, einen Halbbruder von Sunsalve, Freelance, das Jagdpferd meines Vaters, und ein junges Pferd namens Dr. Pollard. Sunsherpa hätte ein gutes Pferd sein können, aber ihm fehlte die Sorgfalt. Er hatte ein gewaltiges Springvermögen, aber er hatte auch vier baumelnde Beine, die eine äußerst ärgerliche Neigung hatten, den Stangen in die Quere zu kommen. Wie Sunsalve war er aus der Zucht und im Besitz von Oliver Anderson in Norfolk, aber leider konnte er es in Stil und Springvermögen nicht mit seinem Halbbruder aufnehmen. Ich ritt ihn drei oder vier Monate lang, dann wurde er nach Mexiko verkauft.

Auch Freelance war eine Enttäuschung. Springen konnte er, was ihm nur in den Weg kam, aber leider hatte er keine Lust, dies auf dem Turnierplatz zu tun. Nach ungefähr drei Jahren mußten wir uns damit abfinden, daß Turnierspringen offenbar nicht sein Metier war, und ihn wieder als Jagdpferd meines Vaters einsetzen. Das scheint ihm entschieden besser zu behagen.

Wenn ich an Dr. Pollard denke, erinnere ich mich hauptsächlich an einen Sturz mit ihm auf der Great Yorkshire Show im Juli 1966. Er war beim Absprung gerutscht und seitwärts in einen riesigen Oxer gekracht. Das war einer der schlimmsten Stürze meines Lebens. Ich hatte böse Prellungen am Arm und an der Schulter und fühlte mich einige Tage hundsmiserabel. Mir war auch gar nicht großartig zumute, als ich gleich nach dem Sturz noch Sunsherpa im Stechen ritt. Seltsamerweise brachte mir gerade dieser Ritt den größten Erfolg mit diesem Pferd ein: Wir gewannen das Championat von Yorkshire.

Ich war immer noch in Behandlung, als einige Tage später

die Royal International Horse Show begann. Die Reise nach London machte ich in Gesellschaft von Harvey Smith, der beim selben Arzt wegen einer Rückengeschichte in Behandlung und ebenfalls viel zu steif und schmerzgeplagt war, als daß ihn die Aussicht auf ein langes Turnier (es dauerte von Sonntag bis Sonntag, mit nur einem Tag Pause) besonders entzückt hätte. Eine Woche später ging es uns wesentlich besser – ich hatte den King's Cup gewonnen und Harvey die John Player Trophy.

1967 wurden die Restriktionen wegen des Sumpffiebers aufgehoben, und Mister Softee und ich sollten zusammen mit Harvey Smith auf Harvester England bei der Europameisterschaft der Springreiter in Rotterdam vertreten. Sowohl Mister Softee wie ich hatten jeder für sich schon einen früheren Erfolg in dieser Prüfung zu verzeichnen: Ich hatte sie 1961 in Aachen auf Sunsalve gewonnen, und Softee hatte David Barker 1962 in White City zum Sieg getragen. Bis zur dritten und letzten Prüfung des Wettbewerbs sahen unsere Chancen, in Rotterdam einen gemeinsamen Erfolg zu erringen, jedoch alles andere als rosig aus.

Zu diesem Zeitpunkt gehörte der Titel praktisch schon dem Brasilianer Nelson («Nico») Pessoa. Harvey glaubte zwar, daß die nervliche Anspannung des Finales für Nico zuviel sein könnte, besonders weil davor ein Ruhetag eingelegt wurde, der an den Nerven des führenden Reiters besonders zehrt, aber ich rechnete mir lediglich eine Außenseiterchance aus. Ich hätte nicht nur das Finale gewinnen, sondern Nico hätte gleichzeitig mindestens auf den vierten Platz zurückfallen müssen, und da sein Pferd Gran Geste glänzend in Form war, hatte diese Möglichkeit nicht allzuviel für sich.

Es zeigte sich aber dann, daß Harvey recht gehabt hatte.

Das Bewußtsein, in Führung zu liegen, hatte Nicos Nerven mehr belastet, als ich für möglich gehalten hatte, und Gran Geste sprang im Finale katastrophal. Nico verlor nicht nur den Titel – er fiel sogar auf den vierten Platz in der Gesamtwertung zurück! Ich dagegen war entschlossen, alles auf eine Karte zu setzen und auf Sieg zu reiten; ich hatte ja auch nichts zu verlieren. Der «Mann aus dem Hintergrund» steht bekanntlich viel weniger unter Druck.
Ganz frei von Druck fühlte ich mich allerdings auch nicht. Man ist sich immer der außerordentlichen Gelegenheit bewußt, und wenn diese Atmosphäre in kleinen Dosen auch sehr anregend wirkt – jeden Tag genossen, würde sie einen wohl völlig fertigmachen. Mister Softee kennt solche Belastungen nicht, er ist jeder Lage gewachsen und scheint ein zahlreiches Publikum sogar zu genießen. Wenn er auf den Turnierplatz kommt, könnte man meinen, daß er schnell die Anzahl der Zuschauer abschätzt. Er sieht sich immer gut um, und je mehr Leute da sind, desto besser springt er.
Das Finale der Europameisterschaft 1967 war ganz nach seinem Geschmack. Er erwog kurz die Sachlage und sprang wie ein Traum. Mit zwei schnellen Nullrunden gewannen wir das Finale. Dies – und Nicos katastrophale Vorstellung auf Gran Geste – verhalf mir zur Europameisterschaft. Harvey wurde Zweiter vor dem Deutschen Alwin Schockemöhle. Zwei Tage später krönte Softee eine denkwürdige Woche durch seinen Sieg im Grand Prix.
Außerdem gewann die englische Mannschaft – Harvey auf Harvester, ich auf Mister Softee, Marion Coakes auf Stroller und Peter Robeson auf Firecrest – in Rotterdam den Preis der Nationen und sammelte damit weitere Punkte für den President's Cup, den wir schließlich mit gutem Vorsprung ebenfalls gewannen. England hatte den Pokal vor zwei

Jahren als erste Mannschaft erkämpft, aber damals hatte ich nichts damit zu tun gehabt. Zwischen 1962 und 1966 hatte ich an keinem einzigen Nationenpreis teilgenommen.

Bis ich wieder ein Pferd gefunden hatte, das gut genug für einen Start in Nationenpreisen war, hatte sich die Haltung der englischen Reiter gegenüber solchen Konkurrenzen total geändert. Früher hatte man sie als Verschwendung von Zeit und Mühe betrachtet, als nutzlose Turnübung über zwei Runden schweren Parcours. Davon war nun keine Rede mehr. Ich nehme an, daß der von Prinz Philip zu Beginn seiner Amtszeit als Präsident der FEI (Fédération Equestre Internationale) gestiftete President's Cup den Umschwung bewirkt hat. Er hat der Turniersaison einen neuen Inhalt, ein neues Ziel gegeben. Von 1965 an waren die Mannschaftswettbewerbe keine individuellen Ereignisse mehr, sondern gehörten zusammen, weil sie Punkte für den President's Cup brachten. Es geht zwar immer noch nicht um Geld, aber trotzdem wird das britische Team alle Register ziehen, um zu gewinnen.

Solange das Royal International in White City und Wembley stattfand, war der Nationenpreis als Schauspiel immer eine ziemliche Niete gewesen. Man hatte das Gefühl, daß man viel mehr daraus hätte machen können. Schließlich war eine derartige Veranstaltung in den meisten anderen Ländern ein Höhepunkt der Reitsaison, in White City jedoch wurde der Prince of Wales Cup an irgendeinem ruhigen Nachmittag mitten in der Woche ausgetragen, an dem es kaum Zuschauer gab.

Als die Prüfung 1971 nach Hickstead verlegt, auf den Sonntagnachmittag angesetzt und damit in ein angemessenes Licht gerückt wurde, war ich begeistert, auch wenn die

Beschränkung der Teilnehmerzahl des Gastgeberlandes ihr etwas von ihrem Status genommen hatte. Man hätte das Problem dadurch lösen können, daß man das Meeting für einen Tag als «offiziell international» erklärt hätte. Dann wäre aus dem Mannschaftswettbewerb ein echter Nationenpreis geworden, und alle anderen Prüfungen in Hickstead und London wären «inoffiziell» geblieben. Leider kam niemand auf diese Idee, bis die Royal International Horse Show vorüber war.

11

Zuwachs für den Stall

Pferde kann ich gar nicht genug bekommen, in gewissen Grenzen natürlich. Wenn man nur über ein oder zwei gute Pferde verfügt, ist die Versuchung groß, sie während der ganzen langen Turniersaison einzusetzen und zwischen den einzelnen Turnieren immer kürzere Pausen einzulegen. Es ist viel besser, wenn man mehr Pferde hat, als man auf einem einzigen Turnier reiten kann. Einige dürfen dann immer pausieren, sie haben gewissermaßen Schichtbetrieb, und das erhält ihnen die ganze Saison hindurch ihre Frische. Selbst wenn ich persönlich gegen Ende des Jahres erledigt bin, geht es wenigstens den Pferden gut.

Ich bringe meine Pferde auch gern zu verschiedenen Terminen heraus. Mister Softee zum Beispiel ließ ich immer zu Hause bis Ende Mai oder Anfang Juni, wenn die Saison schon einige Monate angelaufen war. Ihn hob ich mir für die größeren Preise auf, denn im Frühling sind die Springen nicht besonders gut dotiert.

In den anderthalb Jahren nach meinem ersten Ritt auf Mister Softee wurden mir glücklicherweise drei neue Pferde zur Verfügung gestellt: Top of the Morning von Frank Kernan sowie Brule Tout und Nathan, beide im Besitz von Mrs. Bates-Oldham. Als Ersatz für Wildfire, Ballan Silver Knight und Bess wurden sie dringend gebraucht, und sie hätten zu keiner besseren Zeit kommen können. Ich bin immer froh, wenn man mir ein neues Pferd anbietet. Außer daß es eine neue Herausforderung bedeutet und meine Möglichkeiten erweitert, stärkt es auch meinen Optimismus. Drei oder vier Tage Turnier ohne Sieg lassen meine Laune gewöhnlich auf den Nullpunkt sinken, aber mit einem neuen Pferd bin ich schon recht zufrieden, wenn es nur gut gegangen ist. Wenn ich ein neues Springpferd unter dem Sattel habe, das gut geht, aber noch nicht gewinnt, kann ich mir immer sagen: Eines Tages werden wir ganz groß herauskommen.

Ich erinnere mich noch gut, welchen Auftrieb mir meine erste Saison mit Top of the Morning gab. Das war 1966, und das Pferd war nichts als ein großer, roher, unerfahrener Fünfjähriger, den ich für die Express Foxhunter Meisterschaft bei der Horse of the Year Show qualifizieren sollte. Frank Kernan legte großen Wert darauf, dieses wichtige Championat mit seinem Pferd zu gewinnen, und da er in Nordirland lebt, mußte er für Top of the Morning einen englischen (oder walisischen) Reiter finden, wenn er überhaupt eine Chance haben wollte. Deshalb fragte er meinen Vater (dem er schon Pferde verkauft hatte), ob ich wohl Lust hätte, einen «großen, starken Fünfjährigen» für ihn zu reiten.

Wir machten aus, daß er uns das Pferd schicken sollte, und so fuhr ich eines Tages in den Hafen von Liverpool, um es abzuholen. Es kam mit einer ganzen Schiffsladung von Pferden an, und ich fand mein Turnierpferd nur heraus, weil es als einziges einen Schweifschoner trug.

Es zeigte sich bald, daß Top of the Morning mächtig springen konnte und – weniger erfreulich – ein Maul wie Eisen hatte. Bis zu dieser Zeit war er in Irland auf drei Turnieren gegangen und hatte ungefähr 10 Pfund gewonnen. Er brauchte aber nicht lange, um dieses Ergebnis zu verbessern.

Ich hatte sogar noch Glück, ihn beim Osterturnier in Hickstead für das Foxhunter Regionalfinale zu qualifizieren, denn schon auf dem nächsten Turnier gewann er eine B- und C-Klasse und 30 Pfund und hatte damit für die Foxhunter-Prüfungen ausgesiegt.
Nachdem sich Top of the Morning in Hickstead qualifiziert hatte, mußte ich mit ihm auf einem regionalen Finale der gleichen Gegend starten, und das bedeutete eine Fahrt von 260 Kilometer nach Maidstone in Kent, nur mit diesem einen Pferd. Es wäre eine schreckliche Verschwendung gewesen, wenn wir mit einer Niederlage heimgekehrt wären. Allerdings hatte Top of the Morning ausgesprochen Glück: Er gewann die Prüfung, obwohl er fürchterlich sprang, aber mir war es auch so recht.
Ich erinnere mich noch, wie ich den Parcours der Foxhunter Meisterschaft zu Fuß abging. Er war überraschend schwer, und Alan Oliver, der neben mir ging, meinte: «Dieser Parcours ist für ein Pferd wie gemacht – für Top of the Morning.» Genau dasselbe hatte Peter Robeson in Tokio von Jacopo gesagt, aber während mein Olympiapferd dort seine Form schon verloren hatte, war Top of the Morning in Hochform.
Auch ich hatte das Gefühl, daß die Ausmaße der Hindernisse für uns günstig sein würden, weil ich das enorme Springvermögen meines Pferdes kannte. Ich bin meines Sieges nie sicher, aber als ich im Empire Pool einritt, sah ich jedenfalls nicht gerade schwarz. Es hatte vor uns schon einige Ritte mit nur einem Fehler gegeben, aber Top of the Morning schaffte die erste Nullrunde. Im Gegensatz zu seiner Vorstellung im Regionalfinale sprang er diesmal phantastisch und ließ nichts zu wünschen übrig.
Frank Kernan war zum Turnier herübergeflogen, und

nach meinem Ritt setzte ich mich zu ihm. Ihm lag sehr viel daran, daß sein Pferd diese Meisterschaft gewann, und ich habe noch nie einen derart nervösen Menschen gesehen. Er behauptete nachher, er hätte sich während dieser Prüfung mindestens fünf Pfund heruntergeschwitzt. Ich selbst war auch nicht gerade kühl und unbeteiligt.

Nach jedem Pferd und jedem Fehler stießen wir einen Seufzer der Erleichterung aus, dann warteten wir auf das nächste und hofften und beteten, daß es auch diesem nicht gelingen möge. Das letzte Pferd brachte uns dem Herzschlag nahe, denn es machte erst am vorletzten Hindernis seinen ersten Fehler, aber dann stand fest, daß Top of the Morning das Championat mit der einzigen Nullrunde gewonnen hatte. Auf diesen Erfolg war ich stolz wie selten in meinem Leben. Es gibt ein ganz besonderes Gefühl der Befriedigung, ein neues Pferd in seiner ersten Turniersaison zu reiten und zum Abschluß die wichtigste Prüfung zu gewinnen, die es für unerfahrene Pferde überhaupt gibt – die Daily Express Foxhunter Meisterschaft.

Im nächsten Jahr machte Top of the Morning bedeutende Fortschritte. Mit seinen sechs Jahren wurde er in der nationalen Meisterschaft Zweiter hinter Mister Softee, und in Rotterdam, wohin ich ihn als Zweitpferd mitgenommen hatte, warf er in der ganzen Woche nur ein einziges Hindernis ab. Er kann Häuser springen und hat ein Herz wie ein Löwe. Wenn er auch noch ein gutes Maul hätte, könnte er wahrscheinlich so gut wie alles springen. Die Tatsache, daß bei ihm die Bremse fehlte, bedeutete für mich, daß ich ihn nie mit jenem Grad von Genauigkeit reiten konnte, den ich mir gewünscht hätte.

Trotz allem war Top of the Morning ein sehr nützliches Pferd und eine Bereicherung meines Stalles. In den viereinhalb Jahren, die ich ihn ritt, gewann er einige namhafte Springen. 1970 rief Frank dann eines Tages an und bat uns, das Pferd vor Ende der Saison nach Irland zurückzuschikken, damit ihn Tommy Brennan zusammen mit Ambassador in Rotterdam reiten könne. Es tat mir leid, wie es mir immer leid tut, ein gutes Pferd aus dem Stall zu geben, aber die ganze Sache wurde in aller Freundschaft erledigt. Zu Groll bestand auf beiden Seiten kein Anlaß.

Top of the Morning sah ich erst wieder, als ihn Tommy Brennan 1970 in der Horse of the Year Show im Empire Pool ritt. Wenn er auch die Foxhunter Meisterschaft in dieser Halle gewonnen hatte, war der Empire Pool für mein Gefühl doch so ziemlich der schlimmste Platz in der Welt für ein Pferd mit langem Galoppsprung und schlechten Bremsen. Ich hatte damals beschlossen, Top of the Morning unter keinen Umständen mehr in dieser Halle in Wembley zu starten.

Unter Tommy ging er auf dem beschränkten Platz viel besser als je unter mir. Es war faszinierend zu beobachten, denn Tommy ritt ihn ganz anders. Ich hatte immer versucht, ihn zu halten, aber Tommy ritt ihn nur vorwärts, so daß Top of the Morning gezwungen war, sein Gehirn anzustrengen. Ein- oder zweimal sah ich auch, wie er die Augen gebrauchte. Der Reiterwechsel bekam ihm offensichtlich bestens.

Tommy ist ein ausgezeichneter Reiter, das hat er auf vielen schlechten Pferden bewiesen, aus denen er sehr gute Ergebnisse herausholte. Sein Stil ist insofern sehr irisch, als er immer nur vorwärtsreitet, was in mancher Hinsicht eine gute Sache ist. Es lehrt die Pferde, die Augen offenzuhalten und selbst abzuspringen, statt auf eine halbe Parade (respektive einen Ruck am Zügel) zu warten.

Gegen Ende meiner ersten Saison mit Top of the Morning wurden mir Brule Tout und Nathan, die beiden Pferde von Mrs. Bates-Oldham, angeboten. Freddie Welch hatte sie bis dahin geritten, aber er mußte sich wieder mehr um seinen Hof kümmern und wollte im nächsten Jahr nicht mehr starten. Deshalb fragte er mich, ob ich sie übernehmen möchte. Ich erklärte ihm, daß zwar keines der Pferde speziell mein Typ sei, daß ich es aber dennoch versuchen würde, besonders weil ich Mrs. Bates-Oldham sehr schätzte. Wir holten die beiden Pferde im Winter zu uns, und im Frühjahr begann ich sie zu springen.

Brule Tout war ein sehr gutes Pferd, wie ich bald merkte, aber nicht mehr der Jüngste und sicher schon jenseits seiner besten Jahre. Ich war sehr enttäuscht, als nach etwa der Hälfte der Saison seine Beine nicht mehr mitmachten und er getötet werden mußte. Nathan wurde inzwischen zu einer wirklichen Herausforderung. Er war in Frankreich gezogen und besaß ein französisches Temperament, das ihn jedesmal den Kopf verlieren ließ, wenn die Startglocke ertönte.

Auf meinem ersten Turnier mit ihm ritt ich ganz ruhig und friedlich ein, aber er lief trotzdem fast Amok, als er die Glocke hörte, und legte die ersten vier Sprünge einfach um. Ärgerlich war nur, daß er tatsächlich außergewöhnliche Fähigkeiten hatte. Da er im Parcours jedoch zum reinsten Nervenbündel wurde, war er nie in seiner besten Form, wenn es darauf ankam. Ich habe nie ein Pferd geritten, das zu Hause höher oder weiter springen konnte als er. Er war ein großes Pferd – Stockmaß 1,73 m – mit einem wunderbaren Maul, und er war durchaus zur Mitarbeit bereit. Er sprang so sauber wie Mister Softee, aber viel höher und weiter. Wenn jemand Nathan auf einem netten, ruhigen

Springplatz ausprobiert hätte, wäre ihm für dieses Pferd wohl kein Preis zu hoch erschienen. Er wurde zwar im Lauf der Zeit auch im Parcours besser, aber ganz vermochte ich seine Temperamentsprobleme nie zu meistern, und schließlich wurde er verkauft.

Etwa um die gleiche Zeit sagte Mary Bates-Oldham zu mir: «Wenn Sie ein junges Pferd sehen, das Ihnen gefällt, kaufen Sie es bitte für mich.» Das erste Pferd, auf das diese Beschreibung paßte, gehörte wieder Frank Kernan und hieß Ballywillwill. Auf dem Abreitplatz der Frühjahrs-Show in Dublin 1967 hatte ich ihn kurz ausprobiert, aber erst drei Monate später, auf dem großen internationalen Turnier in Dublin, kauften wir ihn endgültig für Mrs. Bates-Oldham. In diesen Monaten schien er sich leicht verschlechtert zu haben, statt Fortschritte zu machen, aber er hatte schon einiges gewonnen und war offensichtlich nicht unbegabt.

Seit ich ihn reite, hat er verschiedene große Springen gewonnen. Er ist ein talentiertes kleines Pferd, aber sehr leicht erregbar und «guckerig». Auch nach mehreren Jahren Turniererfahrung geht er immer noch in den Parcours, als sähe er so etwas zum erstenmal. Er wirkt wie der blutigste Anfänger. Seit ich ihn habe, bedaure ich meinen Vorschlag, auf dem Turnierplatz in Hickstead einen kleinen Teich zu installieren, wie ich ihn in Italien gesehen hatte. Douglas Bunn tat es, und für Ballywillwill war es so ungefähr das Schlimmste, was ihm hätte passieren können. Seine ganze Aufmerksamkeit gilt diesem See, und selbst wenn wir schon zu springen angefangen haben, muß er ihn noch mit einem Auge beobachten. Auch als ich ihn beim Einreiten durch den See trabte, konnte das seine Befürchtungen nicht zerstreuen. Es nützte alles nichts.

Auf einen Wassersprung im Gelände zu Hause reagiert er

ebenso. Er ist schon ein dutzendmal durch- und darum herum gegangen, aber er schielt ihn immer noch mit demselben Mißtrauen an. Wenn er nur in die Nähe dieses Sprunges kommt, beginnt er zu schnauben. Das ist uns bisher mit keinem anderen Pferd passiert. Die meisten inspizieren das Wasser genau, wenn sie es das erstemal sehen, aber dann nehmen sie nie mehr Notiz davon.

Glücklicherweise hält ihn diese Antipathie nicht davon ab, Wasser zu springen. Ich fühle jedoch immer, wie er sich versteift, wenn wir anreiten, und meist ist es auch nicht gerade sein gelungenster Sprung, aber er reicht aus, um uns hinter dem Band auf der Landeseite abzusetzen. Sonst ist er schnell und geschickt. Er hat vielleicht nicht die Sprungkraft eines Mister Softee oder Sunsalve, aber auf nationalen Turnieren bewährt er sich immer noch.

Die Worte schnell und geschickt passen auch auf Beethoven von Douglas Bunn, obwohl man sie in diesem Fall vielleicht sogar unterstreichen sollte. So kann er unter Umständen so schnell wenden, daß man sich leicht neben dem Pferd auf dem Boden wiederfindet. Er kann auch so ziemlich alles springen, nur seine Bereitschaft dazu hängt völlig von seiner augenblicklichen Laune ab. Er ist entweder sehr gut oder sehr schlecht, dazwischen gibt es nichts.

Beethoven – oder Bootsy, wie er oft genannt wird – ritt ich zum erstenmal am Pfingstmontag 1968 auf der Surrey County Show. Ich hatte neben Douglas Bunn im Gras gesessen und den Fortgang der Prüfung beobachtet, in der ich zu jener Zeit mit Mister Softee in Führung lag. Douglas war ebenfalls schon im Parcours gewesen, jedenfalls so weit, wie sich Beethoven bequemt hatte, ihn mitzunehmen, bevor er wegen dreimaligen Verweigerns ausschied.

Es war durchaus nicht das erstemal, daß er nicht ging, und

Douglas hatte ihn ziemlich satt. Nachdem wir einige Zeit über ihn gesprochen hatten, sagte ich: «Soll ich ihn einmal reiten?» Wir dachten beide, daß ein fremder Reiter manchmal eher herausfindet, wo der Haken liegt, weil er unbeteiligter ist. Er hat nicht monatelange fruchtlose Bemühungen hinter sich, in denen er alles Erdenkliche ausprobiert hat.

Douglas war sofort einverstanden, und während die erste Prüfung noch im Gange war, setzte ich mich auf dem Abreitplatz auf Beethoven, galoppierte einige Runden mit ihm, ließ ihn über mehrere Probesprünge gehen, und er gefiel mir außerordentlich. Danach schlug Douglas vor, ich sollte mit dem Pferd in der nächsten Prüfung starten. Ich hatte auf diesem Turnier nur Mister Softee dabei und war ganz froh über die Gelegenheit zu einer Kraftprobe mit Beethoven.

Sobald ich einritt, verfiel er wieder in seine alten Mätzchen. Er keilte und buckelte, er verweigerte und spielte mit den Stangen Fußball. Es war fürchterlich, aber wenigstens beendete er den Parcours, wenn auch mit fünfundzwanzig Punkten. Douglas Bunn war begeistert. «Wunderbar», sagte er, «ich glaube, das wird ihm prima bekommen.» Außer Douglas hatte vermutlich noch nie ein anderer Reiter auf diesem Pferd gesessen.

Beethoven haßte mich an diesem Tag. Er hat sehr viel Charakter und gibt nicht gern nach. Daß er jemand getroffen hatte, der noch dickköpfiger war als er, machte ihn regelrecht krank. Er war wie ein Kind, das beleidigt spielt, weil man ihm nicht seinen Willen ließ.

In dieser Nacht fuhr ich für zwei Tage nach Cornwall und dann nachts wieder zurück nach Hickstead. Während der South of England Show in Ardingly, das praktisch vor seiner Haustür liegt, wohnte ich bei Douglas, und er schlug vor, ich sollte Beethoven noch einmal reiten und versuchen, ihn zum Laufen zu bringen. Soweit wenigstens schien ich ihn am zweiten Tag auch gebracht zu haben. Er sprang gut und wurde – ohne jedes Verweigern – hinter Ballywillwill Zweiter. Aber am dritten und letzten Tag war er so schlimm wie eh und je.

Danach meinte Douglas: «Das beste wäre, wenn du ihn mitnehmen würdest. Es täte ihm gut, einige Turniere mitzugehen und zur Abwechslung einmal richtig arbeiten zu müssen. Bei mir macht er sich's viel zu bequem.»

Also begleitete uns Beethoven ungefähr fünf Wochen lang, und es schien ihm tatsächlich gut zu bekommen. Als wir zum internationalen Turnier im Juli nach Hickstead zurückkehrten, hatte er eine schöne Stange Geld gewonnen, die er durch seinen Sieg auf seinem Heimplatz noch aufstockte. Bis zur Eröffnung der Royal International Horse Show in Wembley fehlte nur noch eine Woche, und ich hatte dort schon drei Pferde zu reiten – Mister Softee, Top of the Morning und Ballywillwill.

Deshalb bemerkte ich zu Douglas: «Warum reitest du Beethoven nicht auf der Royal International? Ich glaube, er geht jetzt, und schließlich ist er dein Pferd.»

Also probierten es Douglas und Beethoven wieder miteinander, und am ersten Tag ging auch alles gut. Aber zwei Tage später im King's Cup kamen sie schlecht in eine zweifache Kombination aus zwei Oxern hinein, Beethoven zögerte einen Augenblick und stürzte dann schwer. Danach hatte er sein ganzes Selbstvertrauen gegenüber solchen Kombinationen verloren. Sobald er zwei weitgestellte Oxer hintereinander sah, wurde er langsamer und verlor an Schwung. Douglas entschied ziemlich schnell, ihn nicht mehr zu springen.

Sein Entschluß stellte sich für mich als ein Segen heraus. Mir gefällt das Pferd, und ich war froh, Beethoven weiter reiten zu können. Er ist unwahrscheinlich stark und manchmal äußerst unbequem. Zwischen den Sprüngen bockt und keilt er immer oder läßt sonst irgendwie Dampf ab, über dem Sprung jedoch ist er eines der besten Pferde, das man sich nur wünschen kann. Die Leute lassen sich durch seine Mätzchen oft ablenken, aber wenn er springt, macht er genau die richtigen Bewegungen. Er ist ebenso wendig und geschickt wie groß und stark.

Ich habe Beethoven zu Hause nie viel gearbeitet; er hatte es gar nicht nötig. Sobald er mich als den Stärkeren akzeptiert hatte, hörte er auf, stehenzubleiben, und wenn er auch nicht immer ein Ausbund an Tugend war, merkte ich doch, wie gut er ausgebildet war. Er war – und ist – ungewöhnlich schnell, und seine Fähigkeit, auf dem Absatz zu wenden, hat sich im Kampf um Sekunden als unschätzbarer Vorteil erwiesen. Zu einem Olympiapferd fehlte ihm nur der zuverlässige Gehorsam, aber 1968 hätte er sowieso keine Chance gehabt, Mister Softee vorgezogen zu werden, ganz gleich, wie seine Leistungen ausgesehen hätten.

Anfang der Turniersaison 1968 ritt ich noch kurz zwei andere Pferde, Prosperous von Frank Kernan und Killinaule von John Massarella. Prosperous wurde mir in der gleichen Absicht zur Verfügung gestellt wie seinerzeit Top of the Morning: ich sollte ihn für die Daily Express Foxhunter Meisterschaft qualifizieren. Ich nahm ihn auch zum Osterturnier nach Hickstead mit, um ihn in den Anfängerprüfungen zu reiten.

Am ersten Tag endete er auf dem sechsten Platz; am zweiten Tag gewann er eine Foxhunter-Prüfung und qualifizierte sich damit für ein Regionalfinale – aber er nahm nie daran teil. Frank und mir wurde klar, daß ich gar nicht da sein würde, um ihn im Finale zu reiten, wenn er wirklich unter den ersten Dreien gelandet wäre und sich für Wembley qualifiziert hätte. Zu dieser Zeit gedachte ich weit weg zu sein, mit der britischen Olympiamannschaft in Mexiko. Also ging Prosperous zu Frank zurück und wurde später nach Belgien verkauft.

12

Vorbereitungen für Mexiko

Erfolg im Turniersport hängt immer davon ab, daß man zur richtigen Zeit das richtige Pferd in Bestform hat. Am Anfang des Olympiajahres 1968 wußte ich, daß ich in Mister Softee das richtige Pferd hatte, und es war mein größtes Bestreben, daß er gesund blieb und in der letzten Oktoberwoche Höchstform erreichte. Daneben war meine einzige Sorge, daß sich in Mexiko die Entfernungen in den Kombinationen als zu lang erweisen könnten. Ich bin mir immer bewußt, daß sein eher kurzer Galoppsprung weitgestellte Kombinationen für ihn zu einem Problem macht; Distanzprobleme zwischen Sprüngen von olympischem Ausmaß hätten ihn in diverse Schwierigkeiten bringen können. Er ist ein so anständiges Pferd, daß ich es hasse, Unmögliches von ihm verlangen zu müssen.

Zum Glück hatte unser Verband die Idee einer Serie von Olympia-Vorbereitungsspringen aufgegeben. Auch das System von 1960 – bei bestimmten Turnieren Schauspringen zu bestreiten – war fallengelassen worden. Die möglichen Olympiakandidaten wurden gebeten, ihre Pferde zu schonen. Für den Gewinnausfall wurde uns eine Entschädigung versprochen, die aber aus irgendwelchen unbekannten Gründen nie ausbezahlt worden ist.

Trotzdem war dieses Vorgehen entschieden besser. Nur einmal, in Dublin, riskierten wir etwas, aber es ging noch einmal gut. Zum erstenmal gab es bei der Royal Dublin Show große, von Mäzenen gestiftete Geldpreise. Nachdem wir die Reise gemacht und gehört hatten, was die Springen wert waren, wurden wir in Anbetracht unserer Situation leicht kurzsichtig. Obschon der Boden ziemlich hart war, sprang ich Softee in Dublin jeden Tag; Marion Coakes und Harvey Smith machten es mit Stroller und Madison Time genauso. Zum Glück hatte keines der Pferde unter Nachwirkungen zu leiden.

Für den Rest der Saison war ich die Vorsicht in Person. Bei hartem Boden oder kitzligem Parcours blieb Softee im Stall. Er mußte nur gesund bleiben, und unser Olympiastart war gesichert. Softee hätte einfach nicht übergangen werden können. An Erfahrung kam ihm kein anderes Pferd gleich, und er war in Superform, was er dadurch bewies, daß er im Verlauf der ganzen Turniersaison nur dreizehn Hindernisse abwarf.

Es klingt vielleicht eingebildet, wenn ich sage, daß ich meine Teilnahme an der Olympiade für selbstverständlich hielt, aber ich fände es lächerlich, so zu tun, als wäre ich vor Freude und Überraschung aus dem Häuschen geraten, als mein Platz in der Mannschaft bestätigt wurde. Für mich war es nicht viel mehr als eine Formalität. Mein Glück hing davon ab, im richtigen Moment das richtige Pferd unter dem Sattel zu haben, und darauf legte ich vor allem anderen Wert.

Die Namen der drei endgültigen Olympiastarter – Harvey Smith, Marion Coakes und ich – wurden schon Mitte August bekanntgegeben, aber die Wahl des vierten Reiters stand bis Anfang September aus. Inzwischen hatte das Auswahlkomitee eine letzte, verzweifelte Übung geplant – ein besonderes Testspringen auf der British Timken Show – das ihnen die Entscheidung abnehmen sollte.

Dieses Testspringen stellte sich als ziemliche Farce heraus.

Peter Robeson und Andrew Fielder weigerten sich, daran teilzunehmen, weil sie mit Recht sagten, die Form ihrer Pferde sei hinreichend bekannt. Damit blieben nur Alison Westwood auf The Maverick und ich auf Beethoven übrig, der als Reservepferd in Betracht kam.
Nachdem wir gute vierzig Minuten gewartet hatten, wurde uns die Erlaubnis erteilt, den Parcours abzugehen. Danach kamen Alison und ich überein, daß sie zuerst reiten sollte. Bei ganzen zwei Teilnehmern dachten wir, daß kein Mensch die Startfolge wichtig nehmen würde. Der Oberordner in British Timken sah das jedoch in einem anderen Licht. Für die Notwendigkeit des Abreitens hatte er anscheinend nicht viel übrig, wohl aber hielt er es für äußerst wichtig, daß ich zuerst springen sollte. Ich saß noch nicht einmal im Sattel, da schrie er schon, ich sollte einreiten.
Zu seinem großen Verdruß wärmte ich Beethoven drei oder vier Minuten auf, bevor ich an den Start ging, aber das war nicht annähernd genug. Es hätte nicht einmal für ein Springen um 10 Pfund gereicht, und es war einfach lächerlich, daß ich unter diesen Umständen über einen Parcours von nahezu olympischen Proportionen gehen und daß die Wahl eines Reservepferdes für Mexiko von dieser Vorstellung abhängen sollte. Ich brauchte mindestens zehn bis zwölf Minuten, um das Pferd richtig abzureiten.
Beethoven sprang eine katastrophale Runde und brachte es auf zwanzig Punkte gegen vier von The Maverick. Nachher reiste er dennoch nach Mexiko, aber nur weil er nach den Spielen die nordamerikanische Turniersaison mitmachen sollte. Sein einziger Beitrag zur Olympiamannschaft war, daß er als Höhen-Versuchskaninchen herhalten mußte.
Die endgültige Liste der teilnehmenden Reiter und Pferde sah ganz so aus, wie die meisten Leute erwartet hatten:

Marion Coakes mit Stroller, Harvey Smith auf Madison Time (und O'Malley als Reservepferd), Alison Westwood auf The Maverick und ich mit Mister Softee. Auf dem Papier sahen unsere Chancen viel besser aus als vor vier Jahren, als ich mit Jacopo nach Tokio geflogen war.

13

Die Olympischen Spiele in Mexiko

Wir waren schon fünf Wochen vor dem Olympischen Einzelspringen in Mexiko, um uns an die Höhe zu gewöhnen. Nie habe ich mich auf eine Prüfung so lange vorbereitet – genauer gesagt: versucht, mich nicht zu schnell darauf vorzubereiten. In fünf Wochen verliert ein Springpferd leicht jegliches Interesse, und die ganze Zeit stand mir ununterbrochen der katastrophale Fehler vor Augen, den ich mit Jacopo in Tokio gemacht hatte. Ich mußte auf jeden Fall vermeiden, Mister Softee zu schnell in Form zu bringen.

Es schien mir leichter, der Versuchung zu widerstehen, wenn ich ihn in den ersten vierzehn Tagen überhaupt nicht ritt. Seine Pflegerin, Monica Baker, bewegte ihn während der Akklimatisierungszeit, und ich hielt mich wohlweislich fern. Vor unserer Abreise hatte es noch verschiedene Diskussionen gegeben, weil die maßgeblichen Stellen es für unmöglich erklärt hatten, alle zu den Pferden gehörenden Pfleger mitzunehmen. Mich persönlich traf es nicht, aber Peter Robeson wollte lieber auf einen Olympiastart verzichten, als Firecrests Pfleger zu Hause lassen.

Damals wurde die Frage vom Standpunkt des Pferdes her diskutiert. Nicht zu Unrecht wurde gesagt, daß ein fremder Pfleger die Pferde vielleicht nicht so fit und bei guter Laune halten könne. Nur wenige waren sich darüber klar, daß auch die Reiter die Auswirkungen spüren würden. Man ist viel beruhigter, wenn der gewohnte Pfleger dabei ist, weil man weiß, daß man sich nicht um jede Einzelheit zu kümmern braucht.

Ich hatte mich auf Monica immer voll und ganz verlassen, und in Mexiko, wie überall, konnte ich die Verantwortung für Mister Softees Wohlergehen fast ausschließlich in ihre Hände legen, und das mit dem größten Vertrauen. Ich wäre nicht halb so ruhig gewesen, wenn ihn jemand anders gepflegt hätte.

Körperliche Betätigung fand in der ersten Woche nur auf der Aschenbahn statt, wo ich wirklich und wahrhaftig am Morgen um sieben Uhr – vor dem Frühstück! – meine Runden drehte. Ich muß allerdings zugeben, daß diese bemerkenswerte Anstrengung nicht meine, sondern Harveys Idee war. Er war schon eine Woche vor mir angekommen und hatte einige der Leichtathleten kennengelernt. Bis ich in sein Zimmer im Olympischen Dorf einzog, war er schon ein fanatischer Läufer geworden und stand jeden Morgen um halb sieben auf, um seine Runden zu laufen. Weder Harvey noch ich sind sonst vor zehn Uhr ansprechbar, wenn es sich irgend machen läßt; es war daher von uns beiden eine ganz beachtliche Leistung.

Die ersten Tage blieb ich liegen, aber dann fühlte ich mich verpflichtet, ebenfalls aufzustehen und mitzulaufen. Mir war nämlich der Gedanke gekommen, daß die Leute im Fall meines Versagens bei den Spielen vielleicht erklären könnten: «Du hast ja auch nicht gerade viel trainiert. Wenn Harvey früh aufstehen und laufen konnte, warum nicht du?» Ich absolvierte also ebenfalls meine Morgenrunden und baute mich ungefähr eine Woche lang in aller Ruhe auf. Dann bekam ich ziemliche Schmerzen in den Beinen. Es schien mir nicht sehr sinnvoll, weiterzumachen, denn der

Vorteil, den mir das Laufen bringen mochte, wurde durch die Schmerzen mehr als aufgehoben. Ich hörte also auf, ohne daß mir das allzu schwergefallen wäre. Harvey aber machte weiter. Er lief jeden Morgen zum Spaß seine anderthalb bis zwei Kilometer.

Wahrscheinlich war es ein Glück, daß ich Beethoven in Mexiko dabei hatte. So hatte ich etwas zu tun und konnte die Wartezeit leichter ertragen, bis es Zeit war, Mister Softee bereitzumachen. Im großen und ganzen waren diese fünf Wochen wie Ferien. Wir schwammen, sahen uns Land und Leute an, schauten bei einigen anderen olympischen Disziplinen zu, gingen ins Kino usw. In mancher Hinsicht war es natürlich wundervoll, wochenlang so gut wie gar nichts zu arbeiten und dafür auch noch eine völlig legitime Entschuldigung zu haben, aber es gab Zeiten, da ich mich einfach langweilte und es kaum abwarten konnte, bis ich endlich wieder eine Aufgabe hatte. Bei Olympischen Spielen hat man immer das Gefühl, daß man sich zu wenig auf den großen Augenblick vorbereitet.

Die britische Mannschaft lebte in enger Gemeinschaft, und das Bild von der großen, glücklichen Familie traf auf uns nicht immer zu. Irgendwie bekam es Oberst Harry Llewellyn, unser Equipenchef, aber fertig, uns bei Laune zu halten, auch wenn er gelegentlich einige Diplomatie aufwenden mußte. Ein- oder zweimal hätte er uns sicher am liebsten alle auf den Mond geschossen, aber er blieb bei seiner Diplomatie, und dafür bewundere ich ihn heute noch.

Der Oberst machte auch alles mit. Er war Gast auf allen Partys, er lief ab und zu selbst um die Aschenbahn, und beim Turmspringen im Schwimmbad war er der unangefochtene Star der englischen Mannschaft. Im Anfang meiner

Karriere als Springreiter, nach meiner Juniorenzeit, hatte der Oberst mir sehr viel geholfen. Damals hatte er seinen Foxhunter schon vom aktiven Turniersport zurückgezogen; ich habe ihn nie springen sehen, aber er muß ein phantastisches Pferd gewesen sein: Er gewann nicht weniger als achtundsiebzig internationale Springprüfungen und gehörte zu der Mannschaft, die 1952 in Helsinki die Goldmedaille in der Mannschaftswertung kassierte.
Die mexikanischen Reiter kümmerten sich hervorragend um uns. Sie organisierten eine Fahrt nach Avandaro, damit wir die Olympische Military sehen konnten, mit Übernachtung unterwegs auf einem Gut. Die Gastfreundschaft war überwältigend. Zum Abendessen waren mindestens fünfzig Gäste versammelt, darunter alle englischen Reiter sowie einige deutsche und amerikanische. Wir waren viel mit den mexikanischen Reitern zusammen, auch mit Jesus Portugal, der zwar nicht an den Spielen teilnahm, aber später zu der Mannschaft gehörte, die 1970 zur Royal International nach Wembley kam.
Wir trafen am Geländetag morgens in der Frühe in Avandaro ein, als der Himmel noch wolkenlos war. Ich ließ Stiefel und Regenmantel im Auto und ging die Strecke in Hemdsärmeln ab. Military-Reiter waren mir schon immer ein bißchen verrückt vorgekommen. Ein paar der Sprünge, die da im Gelände herumstanden, hätte ich nicht einmal im Traum gesprungen, und das schon nicht, bevor es anfing zu regnen. Später sah die Strecke geradezu mörderisch aus.
Einen derartigen Regen habe ich nie zuvor und auch seither nie gesehen; er ist mit Worten kaum zu beschreiben. Der Bach, der zu einer Reihe von Sprüngen gehörte, trat in unglaublich kurzer Zeit über die Ufer, und es war nicht mehr zu erkennen, wo die Pferde abspringen mußten. Ich

stand einige Zeit am vorletzten Sprung, der ursprünglich eine Rampe oberhalb des Baches gewesen war. Drei oder vier Pferde kamen angaloppiert und verschwanden prompt unter Wasser. Eines davon war Durlas Eile, ein gutes irisches Pferd, das Eddie Boylan nach Kanada verkauft hatte. Das Wasser war so gestiegen, daß die Rampe völlig überflutet war. Das Pferd kam durch das Hochwasser und war in keiner Weise darauf gefaßt, als plötzlich der Boden unter seinen Füßen verschwand. Schließlich steckte jemand Äste in den Boden, damit die Reiter wenigstens sehen konnten, wo die Rampe aufhörte. Das war schon eine Erleichterung.

Am nächsten Tag gewann die englische Mannschaft die Goldmedaille in der Military, und wieder einen Tag später kehrte sie nach Mexiko City zurück. Sie hatte ihre Aufgabe erfolgreich beendet, unsere sollte erst beginnen, und wir waren alle entschlossen, uns nicht in den Schatten stellen zu lassen. Wir wollten auch ein paar Medaillen umgehängt bekommen.

Eine Woche vor dem Einzelspringen wurde auf dem Trainingsplatz ein olympisches Probeturnier abgehalten, das zeigen sollte, wie sehr – wenn überhaupt – die Höhe unsere Leistungen im Ernstfall beeinflussen würde. Beethoven und ich sollten für die englische Mannschaft Versuchskaninchen spielen, und deshalb war Beethoven etwas früher in Form gebracht worden als die anderen. Am Tag des Probespringens war er topfit.

Der Parcours war viel schwerer, als wir alle erwartet hatten, aber Beethoven ging ohne Fehler – und riß mir fast die Arme aus! Im Stechen waren wir fünf Sekunden schneller als die Konkurrenz, doch Beethoven nahm die letzte Stange mit. Ausnahmsweise gab sich Oberst Llewellyn über

diese englische Niederlage entzückt. Im Falle eines Sieges, meinte er, hätten die Zeitungen zu Hause davon Wind bekommen, und da Beethoven gar nicht zur Mannschaft gehörte, hätten sich die Leute sicher gewundert, was er im olympischen Probespringen zu suchen hatte. Douglas Bunn, der mit uns in Mexiko war und sein Pferd springen sah, war anscheinend der gleichen Meinung.
Erst zu Hause erfuhr ich, daß man mir nach meinem ersten Umlauf auf Beethoven angeblich Sauerstoff geben mußte. In Wirklichkeit wäre das auf einige Schwierigkeiten gestoßen, denn es gab in der Nähe des Trainingsplatzes gar keinen Sauerstoff – nicht einmal, wenn ich ihn tatsächlich gebraucht hätte. Mein Atem war nach dem Springen zwar außergewöhnlich kurz, aber das war auch alles.
Mister Softee wurde ganz langsam gearbeitet. Mit der Galopparbeit fing ich erst vierzehn Tage vor dem Einzelspringen an, und das Springen schob ich absichtlich noch einmal eine Woche hinaus. Wir begannen mit einigen kleinen Sprüngen und steigerten dann die Anforderungen allmählich. Die Lektion, die ich in Tokio ziemlich schmerzlich hatte lernen müssen, kam mir jetzt zustatten. Ich war nicht nur selbst vorsichtig mit Mister Softee, sondern brachte es auch fertig, Marion vom allzu häufigen Springen mit Stroller abzuhalten. Mit Harvey hatte ich weniger Glück. Er brannte verständlicherweise darauf, Madison Time in Form zu bringen. Es gab sicher Teilnehmer, die noch mehr sprangen als er, aber er sprang auf jeden Fall mehr als Marion und ich.
Die Mannschaft der USA wurde nach ziemlich dem gleichen Prinzip aufgebaut. Auch sie fingen erst in der letzten Woche mit Springen an. Vermutlich arbeiteten sie ihre Pferde mehr dressurmäßig, denn ihr wunderbarer Stil

hängt weitgehend davon ab, wie gut die Pferde geritten sind. Billy Steinkraus wirkt zwar eleganter, pflegt aber eine fast deutsche Reitweise. Er arbeitet sich vor jeder Prüfung einen minuziösen Plan aus und reitet mehr nach diesem Plan als nach Augenmaß. Dazu braucht man ein perfekt gerittenes Pferd.
Ich glaube, es stand von Anfang an so gut wie fest, daß Marion, Harvey und ich im Mannschaftswettbewerb reiten würden, und daß Alison nur einspringen würde, wenn eines unserer Pferde ausfiel. Das war hart für Alison, denn sie mußte The Maverick genauso vorbereiten wie wir unsere Pferde, wußte aber die ganze Zeit, daß sie wahrscheinlich überhaupt nicht zum Springen kommen würde. Dazu gehört eine Menge, aber sie trug es mit Fassung.
The Maverick ist ein prächtiges kleines Pferd, aber ich glaube, man hatte es ihm noch nicht vergessen, daß er einige Jahre vorher ein- oder zweimal in einer Ecke des Parcours stehengeblieben war und sich standhaft geweigert hatte, weiterzugehen. Diese dummen Anfälle machten seinen olympischen Einsatz zum Risiko, jedenfalls glaubten das manche Leute, obwohl ich The Maverick und Alison für eine der besten Kombinationen halte.
Beim Einzelspringen auf dem Campo Marte war die Atmosphäre noch nicht so geladen. Ungefähr fünfzehntausend Menschen saßen auf den Tribünen; vier Tage später, im Olympiastadion, waren es hunderttausend. Bei unserem ersten olympischen Wettbewerb war die Stimmung freundlich und entspannt. Das Publikum bestand zum größten Teil aus Springsportenthusiasten. Die Mexikaner hatten einen schönen ersten Umlauf aufgebaut, große, reelle Hindernisse mit gut zu reitenden Abständen in den Kombinationen. Ich bin ganz sicher, daß Mister Softee fehlerlos

gesprungen wäre, wenn ich den Parcours so abgegangen wäre, wie ich es ursprünglich vorgehabt hatte. Ich wollte die Abstände zwischen den Kombinationen abschreiten – was ich auch tat – und mich um keinen Abstand kümmern, der mehr als vier Galoppsprünge betrug. Dummerweise hielt ich mich nicht an den zweiten Teil meines Plans.

Aus eigener Erfahrung hatte ich vorher gelernt, daß man längere Abstände besser per Augenmaß abschätzt als genau nachmißt. Bei der British Timken Show hatte ich einmal ausgemessen, daß zwei Hindernisse einen Abstand von genau acht Galoppsprüngen hatten. Bei meinem Ritt zählte ich auf acht und drückte das Pferd ab. Unglücklicherweise waren wir noch meilenweit vom Hindernis entfernt und rasselten mitten hinein. Wenn man ein gutes Auge hat – und das braucht ein Springreiter ohnehin –, verläßt man sich bei allen Abständen von über vier Galoppsprüngen besser auf das Schätzen.

Beim Olympischen Einzelspringen lagen zwischen dem zweiten und dritten Hindernis etwa sechs oder sieben Galoppsprünge. Als ich den Parcours abging, maß eine ganze Gruppe von Reitern den Abstand aus, aber ich brachte es fertig, von einem Hindernis zum andern zu gehen, ohne meine Schritte zu zählen. Ich hatte nicht die Absicht, vor dem Springen noch einmal in ihre Nähe zu kommen. Aber dann schlug Harvey vor, wir sollten den Parcours nochmals mit aller Genauigkeit abgehen, und beim zweiten Rundgang war die Versuchung zu groß. Ich fand, daß ich den Abstand ebensogut ausmessen konnte. Statt mich nachher beim Reiten auf mein Augenmaß zu verlassen, zählte ich die Galoppsprünge bis zum dritten Hindernis, einem großen Oxer, und drückte Mister Softee zu früh ab. Eine Stange fiel. Es war Mister Softees einziger Fehler.

Später wurde mir bewußt, daß ich noch Glück gehabt hatte. Beinahe hätte man mich von der Teilnahme überhaupt ausgeschlossen, weil ich nicht innerhalb von sechzig Sekunden nach Ertönen der Startglocke anritt. Ich hatte angehalten und angezeigt, daß zwei Hindernisse nicht in Ordnung waren, und dann hatte ich gewartet. Die Glocke hatte gerade geläutet, als ich sah, daß an der Mauer, dem zweiten Sprung der Dreifachen, ein Kasten verschoben war. Ich hielt und bat darum, die Mauer zu richten, und als ich zum Start galoppierte, sah ich an einem Oxer auch noch eine Stange, die nicht in der Auflage lag. Also hielt ich noch einmal an. Für mich war das eine ausreichende Rechtfertigung meines verzögerten Starts, aber nicht alle Leute sahen es im selben Licht.
Prinz Philip, der Präsident der FEI, und sein Vorgänger, Prinz Bernhard der Niederlande, waren gerade im Parcours, und ich sprach kurz mit ihnen über die beiden Sprünge, ehe ich weiterritt. Obwohl beide Hindernisse ganz eindeutig nicht in Ordnung waren, wollten mich einige Mitglieder der Jury ausschließen. Oberst Llewellyn erzählte es mir erst einige Tage später, und da sich bis dahin alles geklärt hatte, nahm ich keine Notiz mehr davon. Ich behandelte den Zwischenfall mit der Verachtung, die er verdiente.
Stroller gelang in diesem ersten Umlauf die erste Nullrunde. Trotz des Abszesses an einem Zahn, der uns ein paar Tage zuvor großen Kummer gemacht hatte, sprang das Pony hervorragend. Nach einiger Zeit gelang auch Steinkraus auf Snowbound ein fehlerloser Ritt, während ich auf Platz drei lag, zusammen mit Kevin Bacon (Australien) auf Chichester, Frank Chapot (USA) auf San Lucas, Piero d'Inzeo (Italien) auf Fidux und Jim Day (Kanada) auf Canadian Club.

Nach meiner Meinung war der zweite Umlauf im Einzelspringen der einzige bösartige Parcours, der uns in Mexiko vorgesetzt wurde. Es standen nur sechs Hindernisse auf dem Platz, aber sie waren geradezu lächerlich groß. Am schlimmsten sah ein Oxer aus, ein teuflischer Sprung, 1,80 m hoch und 2,15 m tief. Ich konnte mir nicht vorstellen, daß man ihn überhaupt springen konnte, bis zwei Pferde das Kunststück dennoch irgendwie fertigbrachten: Kevin Bacons Chichester und Rush du Camp der Brasilianerin Lucia Faria.

Mister Softee versuchte sein Bestes – wie immer –, aber er blieb an diesem Oxer hängen, und ich konnte ihn nicht schnell genug für das letzte Hindernis wieder versammeln, einen hohen Steilsprung als Einsprung in eine Zweifache. Zusammen mit dem Resultat des ersten Umlaufs ergab das eine Gesamtpunktsumme von zwölf. Snowbound fand den Oxer ebenfalls unüberwindlich, und so ging es auch Stroller, der außerdem, wie Softee, den Einsprung in die Zweifache abwarf. Das bedeutete die Goldmedaille für Bill Steinkraus und Silber für Marion Coakes.

Um die Bronzemedaille gab es ein Stechen. Ich hatte Glück und startete als Letzter, so daß ich genau wußte, was ich zu schlagen hatte. Alle drei Konkurrenten waren ohne Fehler geblieben, und San Lucas unter Frank Chapot hatte mit 36,8 Sekunden die schnellste Zeit. Dann folgten der Deutsche Hans Günter Winkler auf Enigk mit 37,5 und der Kanadier Jim Elder auf The Immigrant mit 39,2 Sekunden. Mit einem Ritt auf Sicherheit war kein Blumentopf mehr zu gewinnen; wenn wir die Zeit von San Lucas nicht unterbieten konnten, brauchten wir gar nicht erst zu starten.

Für solche Gelegenheiten ist Mister Softee das ideale Pferd.

Er scheint immer zu wissen, wann etwas Außergewöhnliches verlangt wird, und er flog nur so über die sieben Hindernisse aus dem ersten Umlauf – in 35,3 Sekunden!
Es war das zweitemal, daß ich die Bronzemedaille gewann, die von allen im Springsport erhältlichen Medaillen vermutlich die billigste ist, und das drittemal hintereinander, daß sie nach England kam. 1968 konnten wir dank Marion und Stroller aber auch die Silbermedaille nach Hause nehmen, und alle Mitglieder der britischen Mannschaft waren selig.
Wenn ich es mir heute überlege, glaube ich, daß dieser zweite Umlauf Stroller wahrscheinlich nicht gut bekam. Das Pony war nie zuvor vor eine Aufgabe gestellt worden, die es nicht bewältigen konnte. Bei diesem Riesenoxer hatte es seine Kräfte bis zum Zerreißen angespannt und ihn doch nicht geschafft. In Rom hätte ich es für klüger gehalten, wenn man David Barker auch im Einzelspringen eingesetzt hätte, aber in diesem Fall hätte man Stroller vielleicht besser für den Mannschaftskampf aufgespart und The Maverick sein Glück im Einzelspringen versuchen lassen. Aber selbst jetzt, nach Kenntnis aller Fakten und Hindernisse, wäre es eine knifflige Entscheidung.
Damals sahen wir dem Mannschaftswettbewerb recht optimistisch entgegen. Harvey hatte auf Madison Time den elften Platz in der Einzelwertung belegt; wir waren die einzige Nation, die alle drei Reiter unter die zwölf Besten gebracht hatte. Man begann allgemein anzunehmen, daß der Nationenpreis für uns ein Spazierritt werden würde. Ich betonte immer und immer wieder, daß es ganz anders sein würde, sobald wir im Hauptstadion springen müßten, und daß das Einzelspringen in keiner Weise eine Vorbereitung auf den Nationenpreis vor hunderttausend Zuschauern

sei. Wahrscheinlich glaubte mir damals keiner, aber als es soweit war, mußte Marion doch zugeben, daß sie nie etwas Ähnliches erlebt hatte, und Harvey ging es nicht anders, obwohl er es nicht so ganz eingestehen mochte.

Gegen den Parcours im Nationenpreis ist viel gewettert worden; ich halte ihn für absolut fair. Er verlangte viel, aber das war bei einem Springen dieser Größenordnung zu erwarten. Schließlich waren wir an den Olympischen Spielen. In Wirklichkeit bestand der Haken darin, daß so viele schlechte Pferde aus Ländern, die kaum Erfahrung auf internationaler Ebene haben, an den Spielen teilnehmen. Wenn man solchen Pferden einen wirklich schweren Parcours vorsetzt, geraten sie natürlich ins Schwimmen. Das ist sehr schade. Es macht einen katastrophalen Eindruck auf die Zuschauer und zerstört das Vertrauen vieler mutiger, aber unerfahrener Pferde.

Nach dem ersten Umlauf lag England in Führung, und die Goldmedaille war zum Greifen nahe. Softee waren zwei Fehler (= acht Punkte) unterlaufen, für Madison Time notierte man achtzehneinviertel und für Stroller einundzwanzigdreiviertel Punkte, so daß wir insgesamt neunundvierzigeinhalb Punkte hatten. Kanada hatte eineinhalb Punkte mehr, und Frankreich lag mit sieben Punkten Abstand auf dem dritten Platz. Stroller hatte uns keinen Grund zur Beunruhigung gegeben. Der Abszeß, der ihn vier oder fünf Tage vor dem Einzelspringen am schlimmsten gequält hatte, schien ihn nicht mehr zu schmerzen, und sein einmaliges Verweigern sah nach einem wirklichen Versehen aus, das sich kaum wiederholen würde.

Die zwei klobigen Oxer der Zweifachen, in der Stroller stehengeblieben war, kamen unmittelbar nach dem Wassergraben, und bei der Parcoursbesichtigung am Morgen hatte

Marion beschlossen, Stroller vor der Zweifachen leicht aufzunehmen. Sie gab auch im richtigen Moment eine Parade, aber statt sich nur etwas aufzunehmen, kam das Pony beinahe zum Stehen und sprang dann den ersten Sprung fast aus dem Stand. Für den zweiten reichte der Schwung nicht aus – also blieb Stroller stehen. Beim zweiten Versuch übersprang er beide Hindernisse anstandslos, und wir dachten nicht mehr an den Vorfall.
Harvey und ich waren dabei, als Marion Stroller auf dem weit entfernt liegenden Abreitplatz für den zweiten Umlauf abritt. Das Pony sprang wie ein Löwe. Wir hatten ihm einen ziemlich dicken Oxer aufgebaut, und als er nur so darüberflog, sahen wir uns an und sagten: «Was für ein Pferd!» Wir kehrten zum Stadion zurück, das nun bis auf den letzten Platz gefüllt war, und warteten auf Marion. Als sie einritt, blieb mir vor Staunen die Luft weg – das war einfach nicht mehr dasselbe Pferd, das wir so kurz vorher gesehen hatten!
Als er sich über den ersten Sprung quälte, drehte ich mich zu Peter Scott-Dunn, unserem Tierarzt, um und sagte: «Wenn Marion nicht ganz schnell aufwacht, ist sie wieder draußen!» Harvey hatte anscheinend das gleiche Gefühl. Stroller kam überhaupt nicht vorwärts. Er schlich über den zweiten, dritten und vierten Sprung, und als er an die Kombination gelangte, hatte er auch nicht die geringste Chance, darüberzukommen. Er hatte überhaupt keinen Schwung. Am liebsten wäre ich hinuntergerannt und hätte sie angetrieben. Marion war wie erstarrt, und Stroller, der immer sehr genau geritten werden muß, machte einen völlig hilflosen Eindruck. Ich glaube, daß Strollers Erfahrungen im Einzelspringen zusammen mit Marions Reaktion auf die olympische Atmosphäre schuld an ihrem katastrophalen

Ausscheiden waren, und daß der Abszeß nichts damit zu tun hatte.

Strollers zweimaliges Verweigern und schließliches Ausscheiden wegen Zeitüberschreitung warf unsere ganze Equipe glatt aus dem Rennen. Wie damals bei David Barker in Rom bedeutete es, daß Marion das schlechteste Ergebnis dieses Umlaufs plus zwanzig Fehlerpunkte angerechnet wurden, und das machte insgesamt zweiundsiebzigdreiviertel Punkte für diesen einzigen Ritt. Bei regulären Nationenpreisen kann so etwas nicht vorkommen, weil vier Reiter teilnehmen und nur die drei besten Ergebnisse zählen. Beim Olympischen Mannschaftsspringen dagegen wird jeder Ritt bewertet.

Obwohl ich in Rom und Mexiko ein Opfer dieses Systems wurde, möchte ich eigentlich nicht, daß es geändert wird. Ich finde, die Prüfung hat mehr Spannung, wenn jeder einzelne Ritt zählt. Sonst ist es ein bißchen wie russisches Roulette: Man weiß, daß die Fehler möglicherweise nicht zählen, daß der Revolver nicht unbedingt losgeht.

Nach Marions Ausscheiden war es im Grunde ganz gleich, wie viele Fehler ich im zweiten Umlauf machte. Am liebsten hätte ich Mister Softee überhaupt im Stall gelassen. Ich wollte nur mit so wenig Risiko wie möglich über den Parcours kommen und so schnell wie möglich wieder hinaus; jeglicher Enthusiasmus war mir abhanden gekommen. Trotzdem beeindruckte mich die olympische Atmosphäre wieder. Am Morgen war es noch ganz anders gewesen, aber von den vollen Tribünen ging eine hypnotische Wirkung aus.

Mister Softee war entzückt, so viel Publikum zu haben. Gelassen marschierte er in diese Schale hinaus, wo hunderttausend Paar Augen auf ihn gerichtet waren, und wog die ganze Angelegenheit ab – die Farben, die Menschenmenge, das Summen der Erregung. Wir mußten in der Mitte warten, bis ein Sprung neu aufgebaut war, und er stand ganz still und sah sich um. Er schien sich in die Brust zu werfen und zu denken: «Ich werde es euch schon zeigen.»

Obwohl ich schon zweimal in überfüllten olympischen Stadien geritten hatte, brachte mich die Atmosphäre in Mexiko doch wieder leicht aus der Fassung, als ich zum zweiten Umlauf antrat. Wir wurden immer langsamer, bis ich zu mir kam und mir sagte: «Wenn wir so weitermachen, kommen wir nicht über die Kombination.» Zum Glück kam vorher noch ein Sprung, den ich zum Schwungholen benützen konnte. Ich tippte Softee mit der Peitsche an und scheuchte ihn hinüber. Das brachte ihn in Bewegung, und vor der Kombination hatte er genau das richtige Tempo und warf nur den Aussprung ab.

Wir beendeten den Umlauf mit zwölf Fehlerpunkten. Von allen Pferden hatte Softee mit seinen zwanzig Punkten aus zwei Umläufen das zweitbeste Ergebnis des Tages, hinter Donald-Rex unter Alwin Schockemöhle, der es auf nur achtzehndreiviertel Punkte gebracht hatte. Die Organisatoren müssen sich mit ihrer Mindestzeit um etwa fünfzehn Sekunden vertan haben. Es gab nur vier Ritte innerhalb des Limits von 98 Sekunden, und davon entfielen zwei auf Softee, der sehr schnell ist. Nachdem ich die ersten paar Pferde am Morgen hatte springen sehen, wußte ich, daß die Zeit unglaublich knapp bemessen war, und achtete sehr darauf, daß wir keine Zeit beim Wenden verloren. Für seinen ersten Umlauf brauchte Softee genau 98 Sekunden, und im zweiten war er um den Bruchteil einer Sekunde schneller.

Nicht nur unsere Mannschaft hatte an diesem Tag Pech,

auch die drei anderen Länder mit Medaillenchancen bekamen ihren Anteil ab. Die USA mußten ohne ihren Goldmedaillengewinner starten, weil sein Pferd Snowbound lahm war. Hermann Schriddes Dozent war alles andere als in Form und sprang zwei fehlerstrotzende Runden für Deutschland, und für Italien gingen weder Doneraile unter Graziano Mancinelli noch Fidux unter Piero d'Inzeo in Höchstform.

Meiner Schätzung nach waren die Kanadier ungefähr das fünftbeste Team in Mexiko und hatten ziemliches Glück, die Goldmedaille zu gewinnen. Ich muß ehrlich sagen, daß sie ein paar Superpferde und ein paar äußerst energische Reiter haben, lauter gute Pferdeleute, aber ich glaube trotzdem, daß sie ihre Medaille hauptsächlich dem Pech der anderen Mannschaften zu verdanken hatten. Doch selbst dann, wenn sie vielleicht nicht die beste Mannschaft waren, so waren sie jedenfalls die beste nach der Tagesform, und das ist letztlich alles, was zählt. Frankreich belegte den zweiten Platz vor Deutschland, den USA und Italien. England fand sich auf dem achten Platz wieder.

Dieses Ergebnis war eine schwere Enttäuschung. Ich glaube, so miserabel wie am Ende dieses Tages habe ich mich noch nie gefühlt. Der einzige Lichtblick war, daß ich am nächsten Tag nach Washington unterwegs sein würde. Nach der Katastrophe im Olympischen Nationenpreis konnte ich nicht schnell genug von Mexiko City fortkommen.

14

Mister Softee und Manhattan

Auf nordamerikanischen Turnieren war ich schon im Vorjahr gewesen, aber nur als Zuschauer. Nachdem ich mir bei einem Sturz auf der Horse of the Year Show das Bein gebrochen hatte, war der geplante Start von Mister Softee und Top of the Morning bei diesen Turnieren ins Wasser gefallen. Der Großzügigkeit der Pferdebesitzer John Massarella und Frank Kernan hatte ich es jedoch zu verdanken, daß ich trotzdem wenigstens dabeisein durfte. Wenn ich hätte reiten können, wäre es für mich eine Strafe gewesen, auf der Tribüne zu sitzen, aber mit einem Gipsbein war es etwas anderes. Ich fand mich mit der Situation ab und genoß dafür den gesellschaftlichen Teil der Reise. In dieser Hinsicht haben die amerikanischen Turniere einiges zu bieten. Jeden Abend ist irgendwo eine Party, und wenn man sich um Training und Turniere kümmern muß, kann das ziemlich ermüdend sein.

Alison, Harvey und ich reisten gleich nach den Spielen in Mexiko in die Vereinigten Staaten, während Marion ihren Stroller nach England zurückbrachte. Ich flog nach Washington und traf dort mit Caroline Bradley und John Kidd zusammen, die zu den Turnieren aus England herübergekommen waren. Beethoven wurde später gebracht, rechtzeitig für den Start im President's Cup in Washington, wo er das letzte Hindernis riß. Dann reisten wir weiter nach New York, wo Mister Softee auf mich wartete. Dort und

auf dem nächsten und gleichzeitig letzten Turnier, der Royal Winter Fair in Toronto, ritt ich beide Pferde.
Alle diese Turniere sind sehr gut organisiert, und man trifft immer besonders nette Leute. Es fehlt einzig an Abreitmöglichkeiten, aber dessen sind sich die Organisatoren selbst nur zu sehr bewußt. Es liegt nicht in ihrer Macht, Abhilfe zu schaffen. Am fühlbarsten ist das Problem in New York. Das Turnier findet im Madison Square Garden statt, der über einem Hauptbahnhof liegt. Trainieren kann man nur in der Haupthalle, und das bedeutet, daß man früh um sieben aufstehen muß, bevor die erste Prüfung beginnt.
Für mich bedeutet so etwas sogar unter normalen Umständen eine ausgesprochene Anstrengung. In New York, wo bis gegen elf oder zwölf Uhr nachts gesprungen wird und die Partys nicht vor den frühen Morgenstunden beginnen, ist es geradezu ein Härtetest. In Toronto ging es etwas weniger hektisch zu, aber ich konnte diese Tatsache nur zum Teil genießen; beim Abreiten vor einer Prüfung hatte ich mir bei einem bösen Sturz mit Mister Softee einen Rückenmuskel verzerrt. Das machte mich drei Tage aktionsunfähig; dann, fest bandagiert und steif wie ein Brett, konnte ich ein Springen mit Mister Softee gewinnen.
Beethoven sprang in Toronto nicht mehr. Er schien mir nicht ganz das geeignete Pferd für einen angeknacksten Rücken zu sein. Zum Glück war es das letzte Turnier der Saison, so daß ich mich in aller Ruhe auskurieren konnte. Aber bis wir wieder zu Hause waren, hatte ich das Gefühl, erholungsbedürftiger zu sein als die Pferde.
Hauptziel im nächsten Jahr war, in Hickstead meinen Titel als Europameister zu verteidigen. Wie üblich hatte Mister Softee auf John Massarellas Besitz in Yorkshire überwintert und kam im Frühling zu mir zurück, damit ich ihn wie-

der auf die Turniersaison vorbereiten konnte. Wie immer gaben wir unser Springdebut erst, als schon einige Turniere stattgefunden hatten. Da er im Juli in Höchstform sein sollte, strengte ich mich für die Juni-Wettbewerbe nicht besonders an. Es hatte keinen Zweck, das Pferd zu ermüden, bevor wir an unsere Hauptaufgabe gingen.
Allgemein hatte man angenommen, daß Harvey und ich in der Europameisterschaft für England starten würden, aber Alan Oliver hatte gerade eine richtige Erfolgssträhne, und so wurde er statt Harvey nominiert. Diese Entscheidung überraschte mich sehr. Sie beruhte auf Alans letzten Erfolgen mit Piz Palü und Sweep, ließ aber vollkommen außer acht, daß keines der Pferde – und auch Alan nicht – an die Bedingungen in Hickstead gewöhnt war. Piz Palü war einige Jahre zuvor mit seinem früheren Besitzer in Hickstead gewesen, hatte in diesem Parcours jedoch nie besondere Leistungen erbracht. Er schied denn auch im ersten Teil des Wettbewerbs um die Europameisterschaft aus, und Sweep wurde im zweiten zurückgezogen.
Zum erstenmal konnte man auf den Ausgang der Meisterschaft wetten, und wie zu erwarten war, machte Ladbrokes Alwin Schockemöhle auf Donald-Rex zum 3:1-Favoriten. Danach kamen der zweite Deutsche, Hans Günter Winkler mit 7:2, der Franzose Pierre Jonquères d'Oriola mit 4:1 und ich mit 5:1. Ich bin keine Spielernatur, mein Interesse an den Notierungen war rein akademisch, aber es interessierte mich trotzdem sehr, wie andere Leute die unterschiedliche Form bewerteten. Ich bin lieber kein Favorit. Dann kann man wenigstens hingehen und den Buchmachern und Wettern beweisen, daß sie keine Ahnung haben.
Zu Beginn des dritten und letzten Wettbewerbs lag Alwin in Führung, und Hans und ich lagen mit gleicher Wertung

auf dem zweiten Platz. Der Punktunterschied war nicht groß; alles hing vom Ergebnis der letzten Prüfung ab. Wer von uns dreien gewann, gewann auch den Titel.
Wenn Mister Softee seinen guten Tag hat, brauche ich nur oben zu sitzen und zu steuern. Er hat von Natur aus einen fließenden Rhythmus, er ist sauber und vorsichtig und gibt sich von selbst Mühe, keine Stange zu berühren. In der letzten Prüfung der Europameisterschaft in Hickstead war er märchenhaft. Mir schien, es müßte eine Wonne sein, ihn an diesem Tag auch nur springen zu sehen. Er war voller Rhythmus, dabei ganz rationell und zu letzter Hingabe bereit.
Ich glaube, es war ein Vorteil, daß ich wußte, nur ein Sieg würde mir nützen. «Von hinten» zu kommen und das Ziel klar vor Augen zu haben, verleiht einem die nötige Entschlossenheit. Ich wollte schnell sein – aber nicht leichtsinnig –, so daß Alwin mit Donald-Rex zum Schnellreiten gezwungen wäre.
Der Parcours war schwer – zu schwer, wie Raimondo d'Inzeo sagte –, und er war auch lang. Im ersten Umlauf waren bei Zeitwertung achtzehn Hindernisse zu springen. Ich ritt an, fand einen guten Rhythmus und behielt ihn bei. Mit einem Pferd in so großartiger Form brauchte ich sonst nicht viel zu tun. Wir erreichten unser Ziel, eine schnelle Nullrunde, und Alwin, der ebenfalls ohne Fehler geblieben war, hatte in der nächsten Runde drei Sekunden aufzuholen. Hans war inzwischen mit vier Fehlern in der Dreifachen zurückgefallen.
Fehler und Zeit wurden in den zweiten Umlauf übernommen, ich mußte also einen zweiten schnellen Nullfehlerritt herbringen, um die Konkurrenz unter Druck zu setzen. Mister Softee lieferte auch das. Donald-Rex kann außer-

gewöhnlich schnell sein, und das bewies er im zweiten Umlauf auch, als er im Renntempo über den Parcours jagte. Am neunten Hindernis, der Dreifachen, ging seine Rechnung jedoch nicht mehr auf: Er verlor bei diesem rasenden Tempo seine Präzision und warf zwei Sprünge ab. Acht Punkte, das bedeutete, daß ich die Europameisterschaft gewonnen hatte.

Softee gab sich an diesem Tag fast völlig aus, und ich hätte nie versuchen sollen, ihn schon eine Woche später wieder bei der Royal International Horse Show in Wembley zu starten. Erst als ich ihn noch in einigen weiteren Prüfungen geritten hatte, gingen mir die Augen auf. Das Pferd war ausgebrannt, es hatte alles, was in ihm war, bei der Europameisterschaft hergegeben, und nun war nichts mehr übrig.

Er blieb vierzehn Tage stehen und startete erst in Dublin wieder, wo er am zweiten Tag lahmte. Vermutlich kam es daher, daß er zwei Runden in einem Zeitspringen gehen mußte, eine im Vorlauf und eine im Finale. Anscheinend bedeutet das für ein Pferd zusätzlichen Streß, und ich bin froh, daß solche Vorläufe heute nicht mehr ausgeschrieben werden. Zwei Wochen darauf gewann Softee das Championat von Southport, aber am andern Morgen war er wieder lahm, und deshalb ging er auf dem schnellsten Weg zurück zu John Massarella, wo er bis zur nächsten Saison Ruhe hatte.

Einige Zeit zuvor hatte ich angefangen, einen Sechsjährigen namens Manhattan zu springen, der sehr vielversprechend aussah und seither einiges getan hat, dieses Versprechen einzulösen. Er hat genau das richtige Temperament für Olympische Spiele, und wenn er vielleicht auch nicht so sauber oder beständig ist wie Softee, so kann er jedenfalls gewaltig springen. 1969 setzte ich ihm noch nicht sehr hart

zu, hauptsächlich weil mir andere, erfahrenere Pferde für die großen Springen zur Verfügung standen.
Ansonsten halte ich nichts davon, Springpferde jahrelang zu päppeln. Wartet man zu lange mit den großen Aufgaben, so ist das Pferd womöglich verbraucht, ehe es überhaupt einen schweren Parcours gesehen hat. Man kann auch jahrelang die Hoffnung hegen, daß ein bestimmtes Pferd eines Tages ein Superpferd sein wird, wenn es nur noch ein bißchen mehr Erfahrung hat – und die ganze Zeit hütet man sich, vielleicht unbewußt, davor, es wirklich harten Prüfungen auszusetzen, die alle Illusionen zerstören könnten.
Darüber habe ich oft mit Harvey Smith diskutiert. Wir sind beide der Meinung, daß ein wirklich gutes Pferd schon von seinem ersten Start an ein Sieger sein kann. Damit will ich nicht sagen, daß man mit einem Pferd, das gerade erst angefangen hat zu springen, gleich am englischen Springderby in Hickstead teilnehmen soll. Hingegen sollte ein gutes Pferd in seiner zweiten Saison durchaus in der Lage sein, zum Beispiel auf regionalen Meisterschaften zu starten. Bess und Top of the Morning waren fünf beziehungsweise sechs Jahre alt, als sie daran teilnahmen. Im Jahr zuvor starteten sie noch in Foxhunter-Prüfungen. Manhattan sprang als Sechsjähriger ebenfalls schon in schweren regionalen Wettbewerben, aber er hatte 1969 keine allzu anstrengende Saison, und erst im nächsten Jahr nahm ich ihn zur Royal International mit. Dort machte er auch seine erste Bekanntschaft mit Mächtigkeitsspringen, und zu meiner großen Zufriedenheit kam er bis ins letzte Stechen. Um ein Haar wäre er sogar über die 1,90 m hohe Mauer gekommen. Er wischte nur mit der Hinterhand eine Auflage hinunter, aber es reichte doch noch zum geteilten zweiten Platz hinter Raimondo d'Inzeo auf seinem Olympiapferd Bellevue.

Manhattan gehörte zuerst einem walisischen Landsmann von mir, dem inzwischen verstorbenen Mr. Harries, und wurde von Eric Jones in den Anfängerspringen geritten. Am ersten Tag des Osterspringens in Hickstead meinte Mr. Harries zu mir: «Ich glaube, Manhattan sollte jetzt zu einem fortgeschritteneren Reiter kommen. Eric hat in den kleineren Springen gute Arbeit geleistet, aber er findet auch, daß das Pferd nun jemanden mit mehr Erfahrung braucht. Möchten Sie es reiten?»

Ich sagte ihm, daß mein Vater in zwei Tagen in Hickstead eintreffen würde, und daß wir drei uns vielleicht am Sonntag zusammensetzen und sehen könnten, ob wir uns einig werden. Mr. Harries war einverstanden, aber am Sonntagmorgen hörten wir, daß er in der Nacht zuvor zu Hause gestorben war. Er tat uns sehr leid, und aus verständlichen Gründen wurde das Thema Manhattan nicht weiter erwähnt.

Eine Woche später sahen wir das Pferd auf der Woburn Abbey Meisterschaft wieder. Zufällig war Mr. Attwood auf diesem Turnier, und während eines Schwatzes mit meinem Vater erklärte er: «Wenn Sie ein junges Pferd sehen, das für David richtig wäre, würde ich es gern für ihn kaufen.» Mein Vater sagte: «Tja, eigentlich wüßten wir schon eines – Manhattan.» Mr. Attwood hatte das Pferd schon springen sehen, und es hatte ihm gefallen. Deshalb war er sofort bereit, es für mich zu kaufen.

Da er jung und offensichtlich außergewöhnlich springbegabt war, hatte Manhattan schon eine ganze Menge Interessenten angelockt. Soviel ich weiß, hätte Mrs. Harries das Pferd für viel Geld ins Ausland verkaufen können. Aber sie lehnte ab und gab meinem Vater für Mr. Attwood den Zuschlag, was wohl auch im Sinne ihres verstorbenen

Mannes gewesen wäre, der das Pferd sicher lieber bei einem walisischen Landsmann gesehen hätte. Ich bin nicht unbedingt ein fanatischer Lokalpatriot, aber ich war immer stolz auf meine walisische Abstammung, und ich schätzte sie noch viel mehr, als sie mir Manhattan einbrachte. Eine Woche nach Kaufabschluß fiel Mr. Attwoods anderes Pferd, Harvey Smiths Olympiapferd Madison Time, im Parcours in Windsor tot um.

Manhattan war groß und mutig und ließ sich durch nichts aus der Ruhe bringen – ich freute mich richtig darauf, ihn über klotzige Hindernisse zu reiten, wie sie etwa die Deutschen bauen. Mir schien, daß die irische Reitweise für ihn die beste sein müßte, damit er lernte, seine Augen offenzuhalten und sich den Absprung selbst zu suchen, statt auf eine halbe Parade von mir zu warten. In England klappt das allerdings nicht. Auf den normalen regionalen Turnieren bestehen die Weitsprünge aus einem Haufen Bohnenstangen. Man muß dauernd versuchen, richtig hinzukommen, weil man nur bei größter Genauigkeit Fehler vermeiden kann.

Erst im Hallenturnier in Brüssel im Winter 1970 wurde er schließlich mit Hindernissen konfrontiert, die so eindrucksvoll aussahen, daß er sich auf die Hinterhand setzen und die Augen aufmachen mußte. Manhattan springt Wasser genauso gut wie hohe Steilsprünge, breite Weitsprünge, Oxer oder weitgestellte Kombinationen, und er ist außerordentlich tapfer. Die Hindernisse in Brüssel mit ihren vielen soliden Planken und dem Grünzeug dazwischen untergruben sein Vertrauen nicht im geringsten, sie brachten ihm nur einige nützliche Dinge bei. Zum erstenmal, seit wir beide zusammen waren, sahen wir uns Sprüngen gegenüber, die so imposant waren, daß man sie tüchtig anreiten mußte. Jetzt konnte ich ihn wirklich am langen Zügel vorwärtsreiten, und es bekam ihm prächtig. Nach wenigen Tagen machte er Dinge, die er in seinem ganzen Leben noch nie gemacht hatte, und am Schlußtag wurde er Zweiter im Grand Prix.

Diese großen, achtunggebietenden Sprünge sind in kleinen Dosen und bei bestimmten Pferden die reinste Medizin, aber ich lehne jedes Hindernis ab, das so solide aussieht, daß man es mit einem Wall verwechseln könnte, weil es die Pferde zum Aufsetzen verleitet. Ein solcher Sprung steht in Hickstead, und Alwin Schockemöhle ging dort zweimal mit Vehemenz zu Boden, weil Donald-Rex aufzusetzen versuchte. Er besteht aus einem weißen Plankenoxer, der von einer sehr dichten Ligusterhecke ausgefüllt ist. Harvey Smith und ich hatten wegen seines irreführenden Aussehens schon seit Jahren gegen ihn protestiert. In Rotterdam und Luzern gibt es ähnliche Hindernisse, und ich finde sie ebenso infam.

Das schlimme ist, daß dieses Strampeln über Oxern leicht zur Gewohnheit wird, und es ist eine scheußlich gefährliche Gewohnheit. Man schlägt einen Salto, ehe man sich's versieht. Den Irischen Wall in Hickstead hasse ich aus demselben Grund. Er täuscht nichts vor, er ist tatsächlich ein Wall, und die Pferde sollen aufsetzen, aber er animiert sie dazu, die gleiche Taktik auch bei anderen Weitsprüngen mit Grün in der Mitte zu versuchen. Mit dieser Meinung stehe ich nicht allein. 1969 gab es einen Reiterstreik in Hickstead, weil der Irische Wall in einer Prüfung gesprungen werden sollte. Von vierundvierzig Startern weigerten sich dreißig, ihn zu springen.

Gegen den 3,15 m hohen Derbywall in Hickstead habe ich nichts einzuwenden. Er ist ein bißchen knifflig und sieht vor allem sehr dramatisch aus, aber er hat noch nie große

Schwierigkeiten verursacht. Ich bin ihn dutzendmal hinuntergeritten und nur einmal gestürzt – und das, weil mir Ballywillwill durchging.
Ich reite sogar ausgesprochen gern in Hickstead. Die zwei fest angelegten Sprünge, der Irische Wall und die beiden Oxer, werden nicht jedesmal gesprungen, und die Parcours sind fast immer gut zu reiten. Man hat viel Platz, auch zum Abreiten, und die Atmosphäre ist sehr angenehm. Der Platz für die «Neulinge» sieht jedes Jahr Hunderte von Pferden, und trotzdem findet man in Hickstead noch eher Zeit für eine Foxhunter-Prüfung als sonstwo – auch wenn man zu diesem Zweck schon um neun Uhr am Start sein muß.
Spitzenreiter haben immer mit dem Handicap zu kämpfen, daß ihnen zu wenig Muße für die Arbeit mit jungen Pferden bleibt. Vielleicht nehmen sie es mit der Ausbildung auch zu genau. Ich finde es falsch, unerfahrene Pferde zu genau zu reiten, weil sie dadurch den Respekt vor den Hindernissen verlieren und sich ganz darauf verlassen, daß ihnen der Reiter alles passend serviert. Jemand, der nicht dauernd so genau ist, erweist einem jungen Pferd den besseren Dienst. Es lernt Selbständigkeit und wird später auch unter anderen Reitern nie ganz vergessen, die Augen offenzuhalten. Pferde, die einige Jahre so gegangen sind, reite ich gern.
Den meisten Erfolg hatte ich jedoch mit Pferden, die ihre Fähigkeiten schon früher bewiesen hatten, auch wenn sie in der Zwischenzeit ihre Form verloren hatten. Von einem Pferd, das schon einmal an der Spitze war, weiß man, daß es Talent hat. Die Fähigkeiten eines vollkommen unerfahrenen Pferdes abzuschätzen, ist dagegen unmöglich. Selbst wenn es so aussieht, als ob es ein phantastisches Springvermögen hätte, ist man trotzdem nie sicher, ehe es nicht wirklich über schwere internationale Parcours gegangen ist.

Natürlich hält mich das nicht davon ab, mein Glück mit jungen Pferden zu versuchen, und es dämpft auch keineswegs die Erwartungen, die ich in ihre Zukunft setze. 1969 ritt ich eine vielversprechende junge Stute namens Aberlene – bis ich auf der Horse of the Year Show mit ihr stürzte und mir das Bein brach. Es war ein dummer Sturz, nicht halb so dramatisch wie viele andere in meinem Leben, und normalerweise hätte er mir nur ein paar blaue Flecken eingetragen. Aber Aberlene nahm eine Planke mit, und als sie auf mir landete, lag mein Bein auf dieser Planke – und eines von beiden mußte nachgeben.

Als mein Knochen wieder geheilt war, stellte ich fest, daß mein Mut nicht gelitten hatte – außer wenn ich auf Aberlene saß. Sobald ich sie gegen einen Sprung ritt, sah ich mich wieder durch die Luft fliegen. Mein Verstand sagte mir zwar, daß sie so sicher war wie jedes andere Pferd, aber mein Instinkt signalisierte bei jeder Wendung Gefahr. Unter diesen Umständen war ich kaum mehr der richtige Reiter für Aberlene, und sie wurde schließlich nach Belgien verkauft.

Seitdem hatte ich wieder zwei junge Pferde unter dem Sattel: Holy Smoke, der einiges Talent zu besitzen scheint, und Sportsman, vielleicht das beste junge Pferd, das ich je geritten habe. Er gehört jetzt Phil Harris und David Biderman gemeinsam, aber er wurde nur unter der Bedingung verkauft, daß ich ihn weiter reiten konnte. Er hat eine Menge Qualitäten, und es war mein eigener Fehler, daß er bei der Daily Express Foxhunter Meisterschaft 1970 nicht ins Stechen kam. Er riß nur einen einzigen Sprung, den Oxer, und zwar deshalb, weil ich viel zu schnell angeritten war.

Sportsman ist wahrscheinlich das beste Pferd, das ich je aus eigener Initiative gekauft habe. Auch er kam von Frank Kernan aus Nordirland, und als ich ihn das erstemal springen sah, hatte es bei mir geklickt. Ich wußte sofort, daß er der Richtige für mich war. Ich stand in Franks Haus am Fenster und sah hinaus auf den Reitplatz, und was ich sah, genügte mir. Sportsman hatte einen weiten und sehr natürlichen Sprung, und ich versprach mir vom ersten Augenblick an eine Menge von diesem Pferd.

Auf zwei Eigenschaften lege ich immer besonderen Wert: auf Klasse und einen weiten, natürlichen Sprung. Meistens gehören sie zusammen, denn der bessere Pferdetyp hat im allgemeinen auch den besseren Springstil. Heute würde ich mir so schnell kein Springpferd vom Typ eines Cobs mehr kaufen. Es müßte schon ein wirklich spektakuläres Springvermögen haben, um es überhaupt nur in Betracht zu ziehen. Da der Sieg in einem großen Springen gewöhnlich von der Zeit abhängt, wäre ein Cob wahrscheinlich nie schnell genug, selbst wenn er enorm springen könnte.

Doch wie man es auch anfängt: Springpferde zu kaufen, ist so ungefähr die riskanteste Beschäftigung, die man sich überhaupt aussuchen kann. Ich spreche aus Erfahrung, denn ich habe selbst einige junge Pferde gekauft, die sich als absolute Nieten erwiesen.

Sportsman scheint genau die richtigen Eigenschaften zu haben, aber nur die Zeit wird zeigen, ob meine großen Hoffnungen gerechtfertigt sind.

15

Springen in zwei Kontinenten

1969 war ich zweimal im Ausland – in Chile und in Südafrika –, und an beiden Orten ritt ich fremde Pferde. Ein Jahr vor der Weltmeisterschaft in La Baule hätte ich mir gar nichts Besseres wünschen können, denn die Fähigkeit, mit fremden Pferden zurechtzukommen, gibt im Finale vor allem anderen den Ausschlag.
Außer mir war auch Anneli Drummond-Hay eingeladen, im Februar in Chile zu reiten, aber wir reisten getrennt an, weil ich vorher noch vierzehn Tage in South Carolina Urlaub machen wollte, bevor ich nach Santiago flog. Niemand wußte, wann ich ankam, und mir hatte auch niemand gesagt, wo ich hingehen mußte. Da der ganze Briefwechsel von Santiago ausgegangen war, nahm ich automatisch an, daß auch das Turnier dort abgehalten und ich es schon irgendwie finden würde. Als ich am Flughafen durch den Zoll ging, sah ich ein großes Plakat, das für die Interkontinentalen Springmeisterschaften in Viña del Mar warb.
Das fing ja gut an; wenigstens wußte ich jetzt, wie der Ort hieß, wo ich reiten sollte. Ich beschloß, mich sogleich im Taxi hinbringen zu lassen, bis ich feststellte, daß Viña del Mar vier Autostunden von Santiago entfernt ist. Ich hatte keine Ahnung, wie ich hinkommen sollte, folglich ging ich zur britischen Botschaft. Sie war geschlossen. Ich ging um die Ecke zur amerikanischen Botschaft, aber der Mann, der

über die Springmeisterschaften Bescheid wußte, war nicht da.
Schließlich gelangten die Amerikaner an den britischen Konsul, der mir etwas zu trinken anbot und mich in einen Zug nach Viña del Mar setzte. Diese Fahrt war ein Erlebnis. Es gab nur Holzbänke, und der ganze Zug war mit heimkehrenden Arbeitern überfüllt. Auf seinem Weg durch die heiße, öde Hügellandschaft von Chile hielt er an jeder kleinsten Station und brauchte drei Stunden nach Viña del Mar. Ich sah aus wie die Karikatur eines englischen Touristen: Koffer, dicker Mantel und Regenschirm! Anneli, die mich vom Bahnhof abholte, konnte sich nicht verkneifen, mich darauf aufmerksam zu machen, daß es in Viña del Mar vor zwei Jahren zum letztenmal geregnet hatte.
Man empfing uns mit unwahrscheinlicher Gastfreundlichkeit. Anneli war mit den anderen europäischen Reitern gekommen und in einem wahren Triumphzug von Santiago nach Viña del Mar gebracht worden. Sie hatte es sicher viel bequemer gehabt, aber dafür hatte ich mehr erlebt.
Außer uns waren noch Hans Günter Winkler und Peter Schmitz aus Deutschland, der Franzose Pierre Jonquères d'Oriola und der Amerikaner Neal Shapiro eingeladen. Auch Spanien und Portugal waren vertreten und außerdem eine Reihe südamerikanischer Staaten.
An der ersten Hälfte des Turniers nahmen wir nur als Zuschauer teil. Anneli und ich vertrieben uns die Zeit damit, die Pferde zu beobachten und ihnen für ihre diversen Fähigkeiten Sternchen zu verleihen. Fünf Sternchen waren Spitze. Insgesamt nahmen vierundzwanzig Pferde aus verschiedenen südamerikanischen Ländern teil, und sie wurden später öffentlich unter uns verlost. Da zwischen dem besten und dem schlechtesten Pferd ein ziemlicher Unterschied be-

stand, war diese Verlosung eine aufreibende Angelegenheit. Für mich verlief sie recht erfolgreich, denn ich zog ein Pferd namens Romeral, dem ich viereinhalb Sternchen zugestanden hatte.

Die arme Anneli hatte ein Ein-Sternchen-Pferd gezogen und war damit etwa so glücklich wie ein Hund mit einem Haufen Flöhe. Später stellte sich heraus, daß es etwas am Rücken hatte, und Anneli durfte noch einmal ein Pferd unter den Reservepferden ziehen. Das war ein bißchen besser, obwohl es ab und zu stehen blieb, nie etwas von Rhythmus gehört hatte und immer mit festgehaltenem Rücken und hoch erhobener Nase sprang.

Mit Romeral verstand ich mich zum Glück auf Anhieb, und nach zwei Siegen und einem zweiten Platz in den drei Qualifikationsprüfungen war mir ein Platz im Finale sicher, zusammen mit Peter Schmitz, dem Bolivianer José Gutierrez und dem Spanier Eduardo Amorós. Das Finale glich jenem der Weltmeisterschaft: jeder von uns mußte sein eigenes und die Pferde der anderen drei Finalisten reiten.

Dieser letzte Wettbewerb machte mir ungeheuren Spaß. Mit unseren eigenen Pferden wurden uns fünfzehn Minuten Abreitzeit und drei Probesprünge zugestanden, aber für die fremden Pferde standen uns nur zwei Minuten und zwei Sprünge zur Verfügung, und das unter strenger Überwachung. Nach zwei Umläufen lagen wir zu dritt an der Spitze, aber dann sprang Romeral, der mir bis dahin eine große Hilfe gewesen war, eine wunderbare Nullrunde für Peter Schmitz und brachte ihn damit in Führung. Er gewann schließlich mit achteinhalb Punkten den Titel eines Interkontinentalen Meisters, ich wurde Zweiter, Eduardo Amorós Dritter und José Gutierrez Vierter.

Am Ende desselben Jahres besuchte ich wieder einen anderen Kontinent, diesmal Südafrika. Die Einladung kam über Micky Louw zustande, den ich von seinen Turnieren in England her sehr gut kannte, und ich nahm mit Freuden an. Die südafrikanischen Springreiter fühlen sich ziemlich isoliert. Nach einem Ausbruch der Afrikanischen Pferdekrankheit wurden strenge Quarantänevorschriften erlassen, die sie praktisch im Lande festhalten. Gastmannschaften dürfen zwar ihre Pferde nach Südafrika hineinbringen, sie aber nicht wieder mit herausnehmen. Südafrika hat eine der besten tierärztlichen Hochschulen der Welt, und die Krankheit wurde mit Erfolg bekämpft, aber die Vorschriften blieben.

Da sie nicht ins Ausland reisen und internationale Erfahrungen sammeln können, fanden die Südafrikaner, daß sie selbst noch am ehesten profitieren würden, wenn europäische und amerikanische Reiter wenigstens als Gäste ins Land kämen und mit Leihpferden an Turnieren teilnähmen. Wir waren vier – «Nico» Pessoa (Brasilien), Pierre Jonquères d'Oriola (Frankreich), Hermann Schridde (Deutschland) und ich. Dazu hatte die Südafrikanische Föderation ihre besten zwölf Reiter mit je zwei Pferden eingeladen. Jeden Abend sahen vier davon zu, während wir ihre Pferde ritten. Micky Louw half uns, für jeden das geeignetste Pferd zu finden, und es klappte wunderbar.

Mir gaben diese verschiedenen Pferde enormen Auftrieb. Ich ritt gegen Südafrikaner, aber nicht nur auf ihrem eigenen Platz, sondern auch noch auf ihren eigenen Pferden. Wir Gäste verfügten insofern über die gleichen Voraussetzungen, als jeder von uns auf einem fremden Pferd saß, und das machte die Sache herrlich spannend und zu einer wirklichen Herausforderung. Wenn ich in England ein halbes Dutzend Springen mit meinem gewohnten Pferd gewinne,

nehmen die meisten Leute prompt an, daß diese Erfolgsserie nur der Tatsache zuzuschreiben ist, daß ich eben auf dem besten Pferd sitze. In Südafrika konnten solche Gedanken gar nicht erst aufkommen. Die Pferde waren von ziemlich gleichem Niveau, und ihre individuellen Fähigkeiten waren allgemein bekannt. Ich war besonders stolz darauf, zwei Springen auf zwei verschiedenen Pferden zu gewinnen, auf Clows Horse und Major Dominus.
Zum Schluß trugen wir eine Art Nationenpreis aus, die vier erfolgreichsten südafrikanischen Reiter gegen die vier Gäste auf den besten Pferden, die noch übrig waren. Wir gewannen ganz knapp und betrachteten das als ziemlichen Erfolg. Die einheimischen Reiter waren unglaublich sportlich und freuten sich ehrlich, wenn wir ihre besten Pferde ritten. Ich wage gar nicht daran zu denken, was passieren würde, wenn in England jemand auf die Idee käme, einen derartigen Wettbewerb zu veranstalten.
Dabei fehlte es den Südafrikanern durchaus nicht an Kampfgeist. Sie ritten immer auf Sieg, aber wenn es uns gelang, sie zu schlagen, gratulierten sie uns sofort mit aller Herzlichkeit. Ihre sportliche Fairneß war beispielhaft.

16

Was lange währt ...

Ich hatte es mehr oder weniger für selbstverständlich gehalten, daß Mister Softee 1970 wieder in meinen Stall kommen würde, und ich war sehr enttäuscht, als mir John Massarella einige Tage vor dem Osterturnier in Hickstead schriftlich mitteilte, daß er beschlossen habe, das Pferd zu Hause zu behalten, und es deshalb von Malcolm Pyrah geritten würde. Vor allem tat es mir wegen Mister Softee leid, denn er wurde älter und begann, das Leben nicht mehr ganz so leicht zu finden. Und in diesem Alter sollte er sich nun noch an einen neuen Reiter gewöhnen!
Beschweren konnte ich mich nicht. Meine Vereinbarung mit Mr. Massarella lautete, daß er das Pferd jederzeit und kurzfristig zurückhaben konnte, wenn er wollte. Ich war enttäuscht, sah aber ein, daß er nur von seinem Vorrecht Gebrauch gemacht hatte. Ich hatte keine Lust – und keinen Grund – ein großes Geschrei zu vollführen. Mr. Massarella wurde von der Presse und anderen Leuten, die mit dem Springsport zu tun haben, in gewisser Weise unter Druck gesetzt, und deshalb konnte er seine Entscheidung nicht gut zurücknehmen. Es hätte den Anschein erwecken können, daß er klein beigäbe! Er war jedoch Persönlichkeit genug, genau das zu tun, als er merkte, daß Softee nicht das richtige Pferd für Malcolm war.
Ende August 1970 kam Mister Softee zu mir zurück und gewann innerhalb einer Woche 600 Pfund. Er muß damals

zwischen achtzehn und zwanzig Jahre alt gewesen sein, und zu Recht oder Unrecht hatte ich das Gefühl, daß die Dinge für ihn schwieriger geworden waren. Deshalb suchte ich die Springen, an denen wir teilnahmen, mit größter Sorgfalt aus. Ich startete nur, wenn ich glaubte, daß der Parcours ihm lag. Wenn ich eine weit gestellte Kombination sah oder sonst etwas, das für ihn problematisch werden konnte, blieb er im Stall. Ich wußte, daß es mit ihm rapide abwärts gehen würde, sobald er anfing, das Vertrauen zu verlieren, und ich finde es tragisch, wenn einem Pferd, das einmal zur internationalen Spitzenklasse gehört hat, so etwas passiert.

Wie alle wirklich guten Pferde hatte auch Mister Softee das Rampenlicht lieben gelernt, und ich hatte das Gefühl, daß es ihn glücklicher machte, innerhalb seiner Möglichkeit noch weiterhin zu springen, als ein beschauliches Rentnerdasein zu führen. Ende 1970 stand bei mir fest, daß ich ihn nie mehr zu einem Turnier wie Aachen mitnehmen würde. An den soliden Hindernissen der Deutschen hätte er sich seine wacklig gewordenen Zähne ausgebissen; er war zu alt. Andererseits hatte er nichts von seiner Wendigkeit verloren, und wenn manche Leute seinen Start in zweitklassigen Zeitspringen auch als Abstieg empfanden – ich war anderer Ansicht. Wenn er sie bequem gewinnen konnte und anscheinend Freude daran hatte, waren Zeitspringen die ideale Lösung. Als Softee zu mir zurückkehrte, vereinbarte ich mit Mr. Massarella, daß er bei mir bleiben sollte, solange ich ihn haben wollte. Wenn ich ihn nicht mehr reite, ist das auch das Ende seiner Turnierlaufbahn. Ich hoffe aber sehr, daß er noch in einigen Zeitspringen starten wird, bevor es soweit ist.

Wenn ich jetzt darüber nachdenke, glaube ich fast, daß mir Mr. Massarella damit einen großen Gefallen erwiesen hat, daß er Softee im Frühjahr 1970 in Yorkshire behielt. Das hatte mich der schwierigen Entscheidung enthoben, ob ich Softee in der Weltmeisterschaft reiten sollte oder nicht. Von mir aus hätte ich es nicht getan, aber ich weiß, daß viele Leute versucht hätten, mich dazu zu überreden, und dann hätte ich vielleicht nachgegeben. Wenn wir, wie in früheren Meisterschaften, in den Qualifikationen zwei Pferde hätten reiten dürfen, von denen wir nachher eines für das Finale bestimmen konnten, wäre alles in Ordnung gewesen. In La Baule durfte aber jeder Teilnehmer in allen Springen nur ein und dasselbe Pferd reiten; wenn ich mich also mit Softee qualifiziert hätte, wäre er automatisch auch im Finale gewesen.

Er hätte mir leid getan, wenn er an einem Nachmittag vier vollständige Parcours hätte springen müssen, drei davon zudem unter fremden Reitern. Softee ist zu anständig, zu ehrlich und willig, und da er sich nie und vor nichts zu drükken versucht, wäre es leicht möglich gewesen, daß er sich verletzt hätte. Und nicht einmal dann hätten wir ihn zurückziehen können, denn die Ausschreibung bestimmt, daß ein Pferd, welches das Finale erreicht hat, alle vier Runden springen muß. Angenommen, er wäre im zweiten Umlauf schlimm gestürzt, hätte er trotzdem noch zwei Umläufe unter zwei anderen Reitern absolvieren müssen.

Ende 1969 hatte ich bereits einmal mit Mr. Massarella über die Weltmeisterschaft gesprochen. Damals waren die genauen Regeln noch nicht bekannt, aber ich wollte schon damals nicht, daß Softee ins Finale ging. Diesem Risiko wollte ich ihn nicht aussetzen, auch nicht für einen Weltmeistertitel. Ich weiß nicht einmal, was passieren würde, wenn ein Pferd mitten im entscheidenden Springen lahm werden sollte. In den Regeln scheint diese Möglichkeit nicht vorgesehen zu sein. Zum Glück ist ein solcher Fall noch nie eingetreten, aber das ganze System der vier Umläufe auf dem eigenen Pferd und denen der Konkurrenten würde glatt zusammenbrechen, wenn jemand ein Pferd zurückziehen müßte.

Ohne Softee gab es nur eine einzige Schwierigkeit: ich hatte nicht die geringste Chance, überhaupt ins Finale zu kommen. Beethoven schien mir zu unbeständig, Top of the Morning ließ sich nur schwer mit der nötigen Genauigkeit reiten, Manhattan war zu jung und unerfahren, und Ballywillwill hatte nicht ganz das richtige Temperament.

Genoe, ein Pferd, das in der australischen Mannschaft gegangen war und das ich seit Anfang 1970 ritt, wäre vielleicht in Betracht gekommen, obwohl er Mister Softee nicht das Wasser reichen konnte, aber er ging noch vor meiner Abreise nach La Baule lahm und war bis zum Ende der Saison nicht mehr aktionsfähig. Er hatte schon früher Schwierigkeiten mit den Hufen gehabt, und nun war ein Rückfall eingetreten.

Trotz seines steifen Halses reite ich Genoe gern. Er hat ziemlich viel Springvermögen und ist eine Siegernatur, im Unterschied zu Pferden, die oft kleinere Plazierungen erreichen, aber nie an der Spitze stehen. Bei den Spielen in Tokio war er Australiens Reservepferd, und anschließend kam er nach England, weil die australischen Quarantänebestimmungen einen sechsmonatigen Aufenthalt in England verlangen, bevor die Pferde wieder eingeführt werden dürfen.

Genoe blieb gleich da. Er wurde an Mr. Snipe verkauft und von drei verschiedenen Leuten – Harvey Smith, John Lanni und Carol Beard – geritten, bevor ihn Ann Moore erwarb. Ihr gehört er immer noch, aber Ann fand, daß er nicht zu

ihren übrigen Pferden paßte, weil er einen vollständig anderen Springstil hat, und so bot sie ihn mir an.
Etwa einen Monat vor der Weltmeisterschaft schien Beethoven noch meine größte Hoffnung zu sein. Wie immer war er strotzend vor Kraft und Frische (was bei ihm gleichbedeutend ist mit totaler Verrücktheit) in die Saison eingestiegen – vermutlich mein Fehler, weil ich ihm vorher nicht genügend Arbeit verschafft hatte. Nach einigen Turnieren wurde er aber ruhiger und war schließlich gut in Form, als wir die Meisterschaft der Springreiter in Windsor gewannen. Knapp eine Woche vor der Weltmeisterschaft sprang ich ihn auf der Royal Highland – und miserabler ist er in seinem ganzen Leben noch nie gegangen! Er verfiel in seine frühere schlechte Laune, er war sauer und unwillig, und der Gedanke, ihn in La Baule reiten zu müssen, begeisterte mich ganz und gar nicht. Fast wäre es mir lieber gewesen, wenn mich die Selektoren überhaupt nicht für die Weltmeisterschaft nominiert hätten.
Ein klein wenig gewann ich mein Selbstvertrauen in Perth wieder zurück, wo Beethoven unmittelbar nach der Royal Highland mit zwei Nullrunden in der Dewar Trophy den zweiten Platz hinter Snaffles unter meinem Schwager Ted Edgar belegte.
Im Anschluß an Perth machte ich die ermüdendste Reise der ganzen Saison 1970: Ich fuhr den Pferdetransport die Nacht hindurch nach Ost-Yorkshire, wo ich am folgenden Nachmittag in Filey an der Butlin-Qualifikationsprüfung teilnahm. Edinburgh erreichte ich noch einigermaßen schnell, aber dann hatte ich das Gefühl, als ob ich überhaupt nicht mehr vom Fleck käme. Stunde um Stunde verging, und Newcastle schien keinen Kilometer näher zu sein. Ich war um sieben Uhr abends in Perth losgefahren, und bis ich

schließlich um halb drei Uhr früh bei Trevor Banks zu Hause ankam, war ich erledigt.

Einmal jedes Jahr müssen wir die Nacht durchfahren, und zwar von Cornwall nach Ardingly in Sussex; sonst verliere ich durch Fahren nicht viel Schlaf. Die Australier haben diesbezüglich ein viel härteres Leben. Sie sind so turnierbesessen, daß ihnen fünfhundert Kilometer von einem Turnier zum anderen überhaupt nichts ausmachen. Manchmal fahren sie die ganze Nacht hindurch, springen am nächsten Tag, fahren die nächste Nacht abermals durch und springen wieder am nächsten Tag. Im Vergleich dazu war meine Fahrt von Perth nach Ost-Yorkshire ein Katzensprung.

Einen Monat vor der Weltmeisterschaft waren George Hobbs, Harvey Smith und ich in einer Vorauswahl nominiert worden; zwei von uns sollten endgültig starten. Die Entscheidung blieb den Selektoren erspart, denn einige Tage vor Turnierbeginn brach sich George das Handgelenk und fiel automatisch aus. Für ihn war es sicher hart, auf diese Weise aus dem Rennen geworfen zu werden. Zu Wildfires Zeiten hatte er mir auf Royal Lord manches spannende Duell geliefert, und er war der sportlichste Gegner, den ich mir nur wünschen konnte.

Als wir in La Baule ankamen, gab ich weder Harvey noch mir auch nur die geringste Chance, bis zum Finale durchzukommen, und das sagte ich auch. Bei drei Reitern hielt ich es mehr oder weniger für sicher, daß sie sich fürs Finale qualifizieren würden: die beiden Deutschen Hans Günter Winkler und Alwin Schockemöhle und der Brasilianer «Nico» Pessoa. Hans Günter hatte ein brillantes Turnier in Madrid hinter sich, Alwin ritt Donald-Rex, das vermutlich beste Springpferd der Welt, und Nico hatte einige Jahre in

Frankreich gelebt und war in La Baule immer sehr gut gewesen. Alle anderen kämpften meines Erachtens nur um den vierten Platz, und mir schien, daß weder Harvey noch ich besonders gut dafür gerüstet waren, dieses Rennen zu machen.

Da ich nur ein Pferd reiten durfte, mußte ich mich endgültig zwischen Beethoven und Top of the Morning entscheiden, die beide die Reise nach Frankreich mitgemacht hatten, zusammen mit den übrigen Pferden der britischen Mannschaft. Die Entscheidung mußte erst im letzten Augenblick getroffen werden, aber für mich stand sie eigentlich von Anfang an fest. Wenn Top of the Morning gut ging, konnten wir vielleicht den achten Platz erreichen. Wenn er schlecht ging, würden wir ungefähr auf dem zwölften Platz landen. Jedenfalls wäre ich nie unter den ersten vier und deshalb nie im Finale. Ich erörterte die Angelegenheit mit Douglas Bunn, der nicht etwa als Beethovens Besitzer dabei war, sondern als unser Equipenchef fungierte. Wir stimmten überein, daß ich eine reelle Chance hatte, mich zu qualifizieren, falls Beethoven gut ging; wenn nicht, würde ich eben Letzter.

Einige Leute versuchten, mich zu Top of the Morning als dem sichereren Pferd zu überreden, aber ich sah, daß ich mit ihm überhaupt keine Aussicht hatte, ins Finale zu kommen. Beethoven war ein Lotteriespiel, aber er gab mir eine leise Chance. Ich mag Beethoven gern, doch appelliert er längst nicht so sehr an meinen Beschützerinstinkt wie Mister Softee. Er ist groß und stark und zäh, und er ist auch eine Spur weniger eifrig. In einer für ihn kniffligen Lage würde er mich wahrscheinlich versetzen, ohne mit der Wimper zu zucken.

Die Prüfungen für die Weltmeisterschaft begannen erst vom

zweiten Tag an. Unseren ersten Auftritt hatten wir in einem normalen Springen nach Fehler und Zeit ohne Stechen, und Beethoven gewann es ganz gemütlich. Er ging so schön und glatt wie selten in seinem Leben, was mein Selbstvertrauen, nicht aber meine Hoffnungen stärkte.

Als ich am nächsten Tag mit Harvey den Parcours für die erste – und angeblich kleinste – Qualifikationsprüfung abging, waren wir entsetzt. Es war der schwerste Sa-Parcours, den ich je gesehen habe, mit Hindernissen bis zur Höhe von 1,50 m, einer gewaltigen Zweifachen und einer nicht minder eindrucksvollen Dreifachen. Wir dachten, wenn das das erste Springen ist – wie sieht dann bloß das letzte aus? Innerlich war ich wie gelähmt. Ich konnte nur noch an den letzten Tag denken.

Harvey ist gewiß nicht der Mann, der ein Springen auf die leichte Schulter nimmt, aber selbst für seine Verhältnisse ritt er in dieser ersten Prüfung mit ungewöhnlicher Verbissenheit. Im Gegensatz zu meinen eigenen düsteren Prophezeiungen gewann er auf Mattie Brown, während ich hinter Alwin Schockemöhle auf Donald-Rex den dritten Platz belegte. Beethoven war gesprungen wie in seinen besten Tagen. Ich hatte den dritten Tag zwar nicht vergessen, aber trotzdem waren wir bester Stimmung.

Am zweiten Tag galt es, ein Mächtigkeitsspringen in zwei Umläufen zu bewältigen. Harvey schaffte beide Umläufe ohne Fehler und teilte sich mit Graziano Mancinelli (Italien) und Hugo Arrambide (Argentinien) in den ersten Platz. Seine Qualifikation stand dank seinem großen Punktvorsprung schon jetzt so gut wie fest. In der dritten Prüfung brauchte er eigentlich nur noch teilzunehmen. Mich dagegen hatte ein Abwurf Beethovens im ersten Umlauf auf den siebten Platz in der Gesamtwertung zurückgeworfen.

Vielleicht hätte ich es dabei belassen, wenn Harvey nicht ganz so offensichtlich triumphiert hätte. Wir sind gute Freunde, aber seit eh und je auch die härtesten Konkurrenten. Ich weiß, wen Harvey am liebsten schlägt – mich! Und das gilt umgekehrt genauso. Die Tatsache, daß seine Teilnahme am Finale praktisch sicher war, worüber er sich königlich freute, während meine Hoffnungen ziemlich im Schwinden begriffen waren, regte mich ehrlich auf. Ich rechnete mir aus, was ich tun mußte, um auch noch hineinzukommen, und stellte fest, daß ich immer noch eine halbe Chance hatte.

Daß Harvey, Alwin Schockemöhle und Graziano Mancinelli sich fürs Finale qualifizieren würden, war ziemlich klar. Ich aber konnte es nur noch schaffen, wenn Beethoven zwei bis drei Plätze besser war als die, welche in der Gesamtwertung den vierten, fünften und sechsten Platz belegten. Als die entscheidende letzte Prüfung begann, war ich wild entschlossen, sie zu gewinnen.

Es gab zwei Umläufe über einen wirklich schweren Parcours zu springen, und ich war bereit, Beethoven notfalls über den Kurs zu tragen. Er sprang aber einwandfrei, wenn er auch zwischen den Sprüngen wieder alle möglichen Mätzchen machte. Wir konnten die beiden einzigen Nullrunden für uns verbuchen. Damit rutschte ich auf den dritten Platz in der Gesamtwertung hinauf. Harvey war Erster, Graziano Mancinelli Zweiter und Alwin Schockemöhle Vierter.

Möglicherweise demoralisierte die Tatsache, daß ich Beethoven ins Finale gebracht hatte, die anderen drei. Sie glaubten alle, daß er von den vier Pferden das schwierigste wäre, und da anzunehmen war, daß er den drei fremden Reitern einiges zu schaffen machen würde, gab man mir die größten Aussichten auf Erfolg.

17

Finale der Weltmeisterschaft

Die zwei Ruhetage zwischen der dritten Qualifikation und dem Finale kosteten weit mehr Nerven als alles andere. Sich ins Finale durchzuboxen war eines. Etwas anderes war es, zwei Tage herumzusitzen und darüber nachzudenken – von den drei Nächten ganz zu schweigen. Im Traum sprang und sprang ich endlos Parcours.

Was mich aufrecht hielt, war einzig der Gedanke, daß ich mir normalerweise nicht allzu viele Sorgen mache. Meine Nerven sind ganz in Ordnung. Wenn also ich schon in einem solchen Zustand war, mußte es den anderen mindestens ebenso gehen, wahrscheinlich sogar noch schlechter. Damit versuchte ich mich immer wieder zu trösten.

Keiner zeigte seine Gefühle. Die Spannung machte sich aber in allgemeiner Gereiztheit und der leichten Erregbarkeit aller Beteiligten bemerkbar. Die üblichen kleinen Hänseleien hatten einen seltsamen Beigeschmack; Bemerkungen wurden gemacht, Anspielungen fallengelassen, um den Gegner zu zermürben.

Wahrscheinlich war es mein Glück, daß ich damals mit meinem Schwager Ted Edgar zusammenwohnte. Er war unter den gegebenen Umständen der beste Kumpan. Erstens ist er sehr aufgeschlossen und nicht leicht aus der Fassung zu bringen, und außerdem ist er schlagfertig genug, um die Sorte Leute, die einem das Selbstvertrauen untergraben könnten, in Schach zu halten. Und dann ermutigte er mich pausenlos durch Sätze wie: «Das machst du im Schlaf. Gar keine Frage, du bist der Weltmeister.» Ich glaubte ihm nicht, aber schon seine Gegenwart half mir, die Nerven zu bewahren.

Einige meinten, das wichtigste sei, daß England gewinnt. Sie schlugen vor, Harvey und ich sollten insgeheim einmal die Pferde tauschen. Von Harvey und mir wurde dieser Gedanke überhaupt nie in Erwägung gezogen. Ich hielt nicht das geringste davon und er sicher auch nicht. Es war absolut gegen die Regeln, und es wäre nicht schön gewesen, den Titel zu gewinnen und zu wissen, daß man falschgespielt hat. Ein Sieg wäre zwar für England ein großer Erfolg gewesen, aber schließlich war es immer noch ein Einzelwettbewerb, kein Mannschaftsspringen, und Harvey einer meiner drei Rivalen. Wir hätten uns gegenseitig Tips über unsere Pferde geben können, ohne die Regeln zu verletzen, aber auch das taten wir nicht. Ich bin sicher, daß Harvey gar nicht erwartete, von mir etwas über Beethoven zu erfahren; ich jedenfalls erwartete ganz bestimmt nicht, daß er mich über Mattie Brown aufklärte.

Tatsächlich machte mir Mattie bei weitem am meisten Sorgen. Er ist kein großes Pferd, und bei ihm hielt ich eine Verweigerung durchaus für möglich. Den beiden anderen – Donald-Rex und Fidux – traute ich immerhin zu, daß sie springen würden. Die Verlosung der Startfolge hätte für mich nicht besser ausfallen können. Ich ritt jedes Pferd anschließend an Harvey, und das hieß, daß ich Mattie Brown vor Fidux und Donald-Rex reiten würde. Ich war ungeheuer erleichtert; da Mattie Brown meine Hauptsorge galt, war es sicher besser, ihn ziemlich früh zu reiten, wenn er noch in halbwegs gutem Zustand war.

Als wir den Parcours des Finales abgingen, wurde uns klar,

daß er noch um einiges schwerer war, als wir erwartet hatten. Mir klingt Douglas Bunns Bemerkung noch in den Ohren, als wir die Dreifache ausmaßen und am dritten Sprung ankamen: «Wenn du Beethoven da gut durchbringst, kannst du beruhigt sein: mit jemand anderem wird er nicht mehr drübergehen.» Ich dachte ähnlich. Plötzlich schien es, als wäre doch Beethoven mein größtes Problem und nicht die anderen Pferde.

Bei solchen Gelegenheiten denkt man unwillkürlich darüber nach, was man mit seinem eigenen Pferd anstellen könnte, damit die anderen nicht damit fertigwerden. Man könnte das Gebiß wechseln oder sonst einen Teil der Ausrüstung und es der Konkurrenz dadurch um einiges schwerer machen. Ich kam jedoch zum Schluß, daß es für mich nur eines gab: absolutes Fairplay. Ich würde Beethoven so gut reiten, wie ich konnte, und dann die anderen ihr Glück versuchen lassen. Ich ritt ihn deshalb ab wie für ein normales Springen, er trug seinen gewohnten Sattel und die übliche Zäumung, und ich tat mein möglichstes, damit er gut ging.

Abgesehen von Recht oder Unrecht wäre es ganz einfach dumm gewesen, es anders zu machen. Schließlich mußte ich Beethoven als erster reiten, und mir würden zu jedem Fehler noch einmal fünfundzwanzig Prozent dazugerechnet. Beethoven kann auch ungeheißen schon ekelhaft genug sein, und deshalb war ich mit meiner Nullrunde äußerst zufrieden. Ich dachte nur: «Jetzt können sich die anderen mit ihm plagen.»

In Wirklichkeit ging Beethoven unter allen vier Reitern ausgezeichnet. Ich saß neben Douglas Bunn, als Alwin ihn ritt. Vor der Kombination schickte er ihn einen halben Galoppsprung zu früh ab, und wir dachten schon: «Das war's.» Unter mir wäre er garantiert stehengeblieben, aber diesmal segelte er über die drei Sprünge, als ob er zum Jux springen würde. Ich drehte mich zu Douglas um und bemerkte: «Das verdammte alte Luder, nicht zu glauben!»

Unsere eigenen Pferde hatten wir so lange abreiten dürfen, wie wir wollten, aber nach dem ersten Umlauf wurden die Pferde in einem besonderen Feld am Ende des Turnierplatzes versammelt, und wir durften sie jeweils nur drei Minuten abreiten und dabei zwei Probesprünge machen. Man erlaubte uns, die Sättel auszutauschen und auf jedem Pferd unsere eigenen zu benützen. Zum Glück kümmerte sich mein Vater um diese Dinge, so daß ich Zeit hatte, meine Konkurrenten zu beobachten, wenn ich nicht gerade reiten mußte.

Auch Ted Edgar war für mich wieder unentbehrlich. Er stand am Abreitplatz, und wenn ich ein Pferd etwa eine Minute geritten und einen Sprung gemacht hatte, konnte ich ihn fragen, was er davon hielt. Er gab mir verschiedene kleine Tips, und es funktionierte prächtig. Ich fand es sehr vorteilhaft, jemand fragen zu können, wenn ich mit einem Pferd nicht gleich klarkam. Während ich Mattie Brown abritt, meinte er: «Vergiß nicht, ihm am Wassergraben eins überzuziehen.» Daran hätte ich nie gedacht.

Mattie hatte im ersten Umlauf als einziges Pferd einen Abwurf, was Harvey fünf Fehlerpunkte eintrug (vier plus fünfundzwanzig Prozent), während alle anderen ohne Fehler blieben. Da ich festgestellt hatte, daß Harvey Mattie meistens ohne Sporen reitet, zog ich meine aus, bevor ich mich auf ihn setzte. Anfangs fühlte er sich sehr ungewohnt an. Er ist so kurz und klein, daß ich gar nichts vor mir hatte, und wenn ich geradeaus ritt, wirkte er wie betrunken.

Aber sobald ich ihn einmal gesprungen hatte, mochte ich

ihn. Als ich einritt, war mir zwar immer noch nicht ganz wohl, und der Gedanke, er könne verweigern, ließ mir keine Ruhe, aber ich hatte mich ganz umsonst gesorgt. Er ging traumhaft und nahm die Kombination vorbildlich – ich ritt als einziger eine Nullrunde auf ihm. Ich fand es sehr interessant, Harveys Stil nachzuahmen. Mattie wird immer nah herangeritten und dann mit einer kleinen Parade abgeschickt. Ich bemühte mich also, dieselbe Taktik anzuwenden. An den Wassergraben, den letzten Sprung, kam ich gut heran, gab dem Pferd eins mit der Gerte, wie Ted gesagt hatte, und wir schafften es mit vielleicht einem Zentimeter Luft.

Später schrieb die ausländische Presse, ich hätte Glück gehabt, daß mir kein Fehler angerechnet worden sei, aber Douglas versicherte, daß Mattie Brown hinübergekommen war, wenn auch knapp. Mike Saywell, der mit Harvey in ähnlicher Weise zusammenarbeitete wie Ted mit mir, saß neben dem Wassergraben und in gerader Linie zum Aufsprungband. Er bestätigte, es sei zwar unwahrscheinlich knapp gewesen, aber Mattie Brown sei auf keinen Fall ins Wasser getreten. Wenn es sich nicht so verhalten hätte, hätte er es mir sicher gesagt.

Meine nächste Sorge war Mancinellis Pferd Fidux, von dem ich wußte, daß er stark war wie ein Bulle. Als ich sah, wie er Harvey die Hand nahm, ging meine Besorgnis in Alarmzustand über. «Wenn er Harvey schon davonläuft», dachte ich, «wird er mit mir auf den Tribünen landen.» Offensichtlich würde ich es mit sanfter Überredung statt mit roher Kraft versuchen müssen.

Nach dem zweiten Umlauf waren nur Graziano und ich noch ohne Fehler. Alwin hatte vier und Harvey neun. Es war sehr wichtig, daß ich mich mit Fidux einigen konnte.

Bevor ich aufsaß, klopfte ich ihm den Hals, kraulte ihn hinter den Ohren und sprach leise mit ihm. Dann ritt ich gemächlich um den Abreitplatz, über eine Minute nur im Schritt, und sprach weiter ruhig auf ihn ein, klopfte ihn und strich ihm über den Hals. Tatsächlich wurde er friedlich. Schließlich konnte ich ihn ganz ruhig mit tiefer Nase galoppieren, was mich mit Stolz erfüllte, denn Fidux geht gern gegen die Hand. Die ganze Zeit redete ich ihm gut zu, und zum Glück ging er darauf ein. Er galoppierte auch ganz friedlich weiter, selbst nach den beiden Probesprüngen machte er noch einen willigen und gelassenen Eindruck, und so ritten wir schließlich zum Start.
Ich hatte mir fest vorgenommen, mich nicht in den Zügel zu hängen, und lenkte ihn statt dessen mit den leisesten Hilfen, die mir überhaupt möglich waren. Es wurde einer der angenehmsten Ritte meines Lebens. Ich merkte, daß ich in einen guten, leichten Rhythmus kam, wenn ich ihn weit abspringen ließ, was Fidux ohne weiteres kann. Er kam immer blendend ab. Am Wassergraben mußte er sehr früh abspringen, aber wir waren ziemlich schnell, und so machte er einen enormen Satz von mindestens 7,50 m. Wir hatten keinen Fehler gemacht, und ich freute mich wie ein Schneekönig.
Später erzählte mir Alwin, nachdem er Fidux unter Harvey gesehen hätte, sei er entschlossen gewesen, dieses Pferd nur zu reiten, wenn er eine wirkliche Chance gehabt hätte, den Titel zu gewinnen. Er hätte an seine Frau und seine Kinder zu Hause gedacht und entschieden, daß er keine Lust hatte, sich das Genick zu brechen. Als er Fidux dann unter mir gesehen hatte, änderte er seinen Entschluß und erlebte ebenfalls einen schönen, bequemen Ritt mit ihm.
Mein letztes Pferd war Donald-Rex, und da er das beste

Pferd von allen war, hatte ich gar nicht viel über ihn nachgedacht. Es schien mir von Vorteil, ihn als letztes Pferd zu haben, denn er verfügte über so viel Springvermögen, daß ihm der Parcours leichtfallen mußte und er die vier Runden vermutlich besser überstehen würde als die drei anderen Pferde. Mein direkter Gegner war Graziano Mancinelli, der seine vierte Runde schon mit einem Gesamtergebnis von acht Punkten beendet hatte. Ich war noch immer ohne Strafpunkte, was bedeutete, daß ich mir einen Fehler leisten konnte.

Ich ritt Donald-Rex die drei Minuten ab, machte meine Probesprünge und mochte ihn sehr. Am Start war ich viel zuversichtlicher als bei meinen drei vorherigen Runden. Ich tat mein Bestes, mich Alwins Reitweise anzupassen, nahm ihn auf und ritt ihn erst die letzten paar Galoppsprünge vorwärts, aber Donald-Rex war schon etwas müde und hatte einiges von seinem Vorwärtsdrang eingebüßt. Über die ersten Sprünge ging er noch wunderbar, aber in der Kombination wäre ich beinahe aus dem Sattel geraten. Ich kam aus der Wendung, sah, daß wir nicht gut hinkamen, nahm ihn auf und noch mehr auf und versuchte die ganze Zeit, den richtigen Absprung zu finden, aber es klappte nicht. Donald-Rex schlug am ersten Sprung der Kombination heftig an, schaffte den zweiten, eine Mauer, und warf den dritten ab. Ich hatte noch Glück, daß es bei vier Punkten blieb. Nun fiel mir auch wieder ein, daß Harvey die Kombination mit Donald-Rex ebenfalls nur knapp geschafft hatte. Ich hatte ihn noch fünfzehn Zentimeter dichter herangeritten, und bei mir war beim Absprung eine Stange gefallen.

Damit schmolz der Abstand zwischen Graziano und mir auf vier Punkte zusammen. Wenn wir noch einen Fehler machten, würde es zu einem Stechen kommen – und das Allerletzte, das ich mir wünschte, war, Beethoven noch einmal zu besteigen und eine Entscheidungsrunde gegen den Italiener auf Fidux springen zu müssen. Wir hatten noch zwei Sprünge vor uns, und keiner durfte fallen. Donald-Rex war um einiges leichter zu reiten als die anderen drei Pferde – vielleicht hatte ich es mir ein bißchen zu leicht gemacht, dachte ich, riß mich zusammen und setzte mich hin, um diese beiden letzten Sprünge anzureiten, als ob mein Leben davon abhinge. Am vorletzten, einem Steilsprung, gab ich dem Pferd eine schöne, kräftige Parade, und es kam bequem hinüber. Aus ziemlicher Entfernung sah ich schon, daß wir gut an den Wassergraben herankommen würden, ritt zu, drückte Donald-Rex etwa einen Meter vorher ab, und er muß fast drei Meter dahinter gelandet sein. Ich weiß noch, daß ich hoch durch die Luft schwebte und dachte: «Das reicht.» Ich wußte, daß ich die Weltmeisterschaft gewonnen hatte.

Wenn ich es mir heute überlege, bestand der entscheidende Faktor darin, daß beide englischen Pferde unter Alwin und Graziano einen Fehler am Wassergraben machten. Eigentlich hat mir das die Weltmeisterschaft eingebracht. Außer Harvey brachte nur ich Mattie über den Graben, und außer mir brachte nur Harvey Beethoven hinüber. Ohne Fehler am Wassergraben mit beiden englischen Pferden hätte Graziano überhaupt keine Fehler gehabt und den Titel gewonnen. So wurde er mit acht Punkten Zweiter, Harvey mit dreizehndreiviertel Dritter und Alwin mit sechzehn Vierter.

Für meine Begriffe war das Beste am Finale – außer dem Ergebnis! – die Tatsache, daß alle fair gespielt hatten, ohne Tricks, damit ein Pferd bei den anderen Reitern schlechter ging. Ich hoffe sehr, daß ich 1974 meinen Titel

verteidigen kann, und daß der Kampf dann ebenso fair und sportlich verläuft wie in La Baule.
Im großen und ganzen sind die internationalen Spitzenreiter aller Länder in ihrer Haltung sehr sportlich. Ich schätze sie alle enorm – die Amerikaner, Australier und Kanadier, die Deutschen, Italiener, Franzosen und Iren.
Besonders befreundet sind Harvey und ich mit den beiden andern Teilnehmern am Finale. Alwin ist der beste Kumpel der Welt und feierte meinen Erfolg wie seinen eigenen. Graziano gratulierte mir genauso herzlich. Bei ihm hatte es länger gedauert, bis wir uns angefreundet hatten, hauptsächlich deshalb, weil er nicht so gut Englisch spricht und ich überhaupt nicht Italienisch. Erst als ich einmal Frank Kernan dabei hatte, der den Italienern schon viele Pferde verkauft hat, wurde das Eis gebrochen. Jetzt freue ich mich immer, wenn ich ihn treffe.
Bei der Siegerehrung standen wir alle vier auf dem Podest. Eine ganze Reihe Mädchen trugen alle möglichen Preise herein. Ich dachte, sie würden an uns alle verteilt – die Preise natürlich, nicht die Mädchen! –, und begann, mich ziemlich ungemütlich zu fühlen, als einer nach dem anderen mir übergeben wurde. Am Schluß war ich ganz schön verlegen: Ich hatte nicht etwa den Löwenanteil bekommen, sondern – alles!
Ex-Weltmeister Pierre Jonquères d'Oriola, der seinen Titel nicht hatte verteidigen können, weil sein Pferd lahm ging, überreichte mir eine Riesenflasche des besten Champagners, die unter Beteiligung aller Konkurrenten und verschiedener Freunde geleert wurde, noch ehe wir den Platz verließen. Nach all meinen düsteren Vorahnungen war England als strahlender Sieger aus dieser Weltmeisterschaft hervorgegangen – es war ein wunderbares Gefühl.

18

Im In- und Ausland

Beethoven hatte nach dem Finale ein wundes Maul und wurde deshalb in La Baule nicht mehr eingesetzt. Er hatte seine Aufgabe in Frankreich sowieso erfüllt, und nicht einmal Mister Softee hätte es besser machen können. Das Pferd brauchte vierzehn Tage Ruhe, und es hatte sich jede Sekunde davon verdient.

Erst bei der Royal International Horse Show trat es wieder auf, die inzwischen leider in die Halle des Empire Pool in Wembley umgezogen war. Beethoven liegen «grüne» Turniere mehr, aber er wurde immerhin Dritter im King's Cup. Übermäßig begeistert war ich von diesem Platz allerdings nicht; meiner Ansicht nach hätten wir gewinnen müssen. Das Pferd hatte im zweiten Umlauf einen unwahrscheinlichen Satz über einen Kreuzoxer gemacht, und ich war schon fast sicher, daß wir Harvey auf Mattie Brown abgehängt hatten, als wir diesen Sprung im Stechen abwarfen. Harvey gewann zum erstenmal in seinem Leben den King's Cup, der Kanadier Jimmy Elder auf dem jungen Pferd Shoeman war Zweiter und Beethoven Dritter.

Erst später merkte ich, daß sich Beethoven in diesem Stechen den Rücken verzerrt haben mußte. Als ich am nächsten Tag aufsaß, um ihn für den Nationenpreis abzureiten, war er völlig unmöglich. Ich saß noch kaum im Sattel, da wußte ich schon, daß es diesmal ganz dick kommen würde. Beethoven läßt einen über seine Laune nie lange im unklaren. Wir

hatten im ersten Umlauf das schlechteste Ergebnis der englischen Mannschaft, und es war ein Glück, daß ich im zweiten nicht mehr anzutreten brauchte. Bis die Reihe wieder an uns kam, hatten die drei anderen – Mike Saywell, Marion (Coakes) Mould und Harvey Smith – den Sieg für England auch ohne meine Unterstützung bereits gesichert. Mit achtdreiviertel Punkten Rückstand folgte Italien, Dritter war Kanada. Mit diesem Erfolg kamen wir gleichzeitig auch in der Punktwertung um den President's Cup vor Deutschland in Führung. Tags darauf ließen wir Beethovens Rücken untersuchen und behandeln, und vier Tage später war er frisch und munter und gerade rechtzeitig für den Start in Dublin wieder zurück.
Am Dienstag während der Royal International wurde mir im Buckingham-Palast von der Königin der «Order of the British Empire» verliehen. Später fragte man mich, ob ich von den Anwesenden sonst noch jemand gekannt hätte, und es klang fürchterlich nach Angabe, als ich antwortete, daß unter den Hunderten von Leuten die Königin meine einzige Bekannte war. Dabei war es die reine Wahrheit.
Vom Palast sauste ich zurück, um Ballywillwill in den Nizefela Stakes in Wembley zu springen. Ich kam zu spät, aber man erlaubte mir, als Letzter zu starten. Den Parcours konnte ich zwar nicht mehr abgehen, doch er war nicht schwierig, und schließlich hatten Marion Mould auf Stroller und ich genau die gleiche Zeit und teilten uns den Sieg nach Stechen. Auch im Inter-Continental sprang ich Ballywillwill, aber die Prüfung blieb weit hinter ihrem großartigen Namen zurück und erinnerte an Dünnbier in einer Champagnerflasche. Da am gleichen Tag auch der Daily Mail Cup ausgetragen wurde, starteten in diesem Kampf Europa gegen Amerika lauter sogenannte Zweitpferde, weil die Besten für

die große Einzelprüfung geschont wurden. Die Begeisterung, als Europa gewann, hielt sich deshalb in Grenzen.
Nach der stickigen Hitze im Wembley Pool genoß ich am folgenden Wochenende die frische Luft auf dem herrlichen Turnierplatz der Royal Dublin Society in Ballsbridge um so mehr. Am ersten Tag dieses irischen CSIO gewann Harvey ein Springen auf Mattie Brown vor Beethoven. Am nächsten Tag wurde Beethoven ein fünf Zentimeter langes Stück Knochen aus dem Gaumen herausoperiert. Erst jetzt wurde uns klar, daß an Beethovens wundem Maul nicht nur das Finale der Weltmeisterschaft schuld gewesen war, obwohl meine Gegner dort alle gefunden hatten, daß er sehr schwer zu halten sei. Ihre Bemühungen, ihn trotzdem nicht aus der Hand zu lassen, mußten eine schon bestehende Verletzung verschlimmert haben.
Ich erinnerte mich zwar, daß Beethoven im Frühsommer nicht überragend gegangen war, aber ich kann mir trotzdem nicht vorstellen, daß er die letzte Qualifikation für die Weltmeisterschaft gewonnen hätte, wenn er große Schmerzen im Maul gehabt hätte. Erst nach dem Finale wurde er wirklich unmöglich. Als man ihn operierte, glaubte ich nicht, daß ich ihn in den nächsten drei bis vier Wochen würde reiten können, von Dublin gar nicht zu reden. Zufällig erzählte ich an diesem Abend Jimmy Day von der kanadischen Mannschaft von meinen Schwierigkeiten, und er sagte: «Warum versuchst du es nicht einmal mit einer Hackamore? Ich kann dir eine leihen.»
Eine Hackamore ist eine Zäumung ohne Gebiß; ein Versuch konnte Beethovens Maul also nicht schaden. Am nächsten Morgen ritt ich ihn probeweise mit Jims Hackamore, und er ging damit so gut, daß ich mich entschloß, ihn am Nachmittag in einer Prüfung zu starten. Statt im Kranken-

stall zu stehen, gewann Beethoven seine nächsten zwei Springen, beides internationale Prüfungen der Spitzenklasse mit hervorragender Besetzung. Jimmy Day hatte den Nagel auf den Kopf getroffen.

Alles ging wunderbar, bis ich Beethoven für die Schlußprüfung des Turniers, den Grand Prix, abritt, der mit dem damaligen Weltrekordpreis von 1650 Pfund dotiert war, und die Hackamore brach. Diese Zäumung wirkt durch die Aktion der Kinnkette auf die Vertiefung im Kiefer gleich über der Unterlippe. Wir hatten die Kette umwickelt, um den Druck für Beethoven erträglicher zu machen, und die ersten zwei Tage hatte es glänzend funktioniert. Aber dann stellte sich heraus, daß Beethoven den Druck zwar aushielt, aber die Hackamore nicht, und kurz vor meinem Start im Grand Prix brach der Anzug.

Ich verpaßte den Start, und in aller Eile besorgten wir eine Gummitrense, das weichste Gebiß, das es gibt, und legten das auf. Ich mußte immer noch äußerst vorsichtig sein mit seinem Maul, aber er sprang den ganzen Parcours in glänzender Manier, ohne daß ich auch nur einmal zu ziehen brauchte. Am letzten Sprung, einer Triplebarre, ging er zu früh ab und nahm die oberste Stange mit. Harvey und Mattie Brown gewannen den Grand Prix und überholten mich damit auch in der Punktwertung um den Guiness Gold Tankard für den erfolgreichsten Reiter des Turniers. Ich erhielt als Zweitbester den Guiness Silver Tankard.

Auch Manhattan war mit in Dublin, und wegen Beethovens Maul hatte ich ihn für den Nationenpreis um die Aga Khan Trophy genannt. Uns lag sehr viel an einem Sieg, der unsere schon bestehende Führung im President's Cup weiter ausgebaut hätte. Es war ein Marathon-Nationenpreis: Sieben Nationen nahmen teil – Italien, Deutschland, Frankreich,

Kanada, Irland, Schweden und England –, und wir wußten, daß uns der Sieg diesmal nicht so leicht gemacht werden würde wie im Prince of Wales Cup in London eine Woche zuvor.

Wir hatten Deutschland für den gefährlichsten Gegner gehalten, aber nach der Hälfte lagen sie erst auf dem dritten Platz, während uns die Italiener mit nur drei Punkten Abstand im Nacken saßen. Harvey sprang auf Mattie Brown zwei Nullrunden für uns, Raimondo d'Inzeo tat dasselbe auf Bellevue für Italien, und immer noch war das Ergebnis offen. Mein zweiter Umlauf auf Manhattan würde die Entscheidung bringen.

Ich war Schlußreiter der englischen Mannschaft, und als ich einritt, wußte ich, daß ich mir einen Fehler leisten konnte, aber nicht mehr. Bei solchen Gelegenheiten wünsche ich mir ein Pferd, das selbst mithilft, wie es zum Beispiel Mister Softee so oft getan hat. Es war aber Manhattans erster Nationenpreis überhaupt, ich konnte also kaum denselben Grad von Mitarbeit erwarten. Wir kamen trotzdem mit genau vier Punkten ins Ziel, und unser Team gewann die Aga Khan Trophy vor Italien, Deutschland, Frankreich und Kanada und am Ende des Jahres auch zum drittenmal den President's Cup.

Nach Dublin ließ ich Jimmy Days gebißlose Zäumung reparieren und sprang Beethoven einen weiteren Monat damit, während sein Maul langsam ausheilte. Je mehr er sich an die Hackamore gewöhnte, desto mehr verlor sie an Wirkung, obwohl er noch seine letzte Prüfung auf der Rennbahn in Chepstow gewann, bevor er auf die Koppel geschickt wurde. Im August gewann Beethoven mit der Hackamore in Hickstead das Derby Trial. In diesem Springen stürzte Alwin Schockemöhle schwer, weil Donald-Rex versuchte, auf dem

Doppeloxer aufzusetzen, und ich selbst hatte eine große Beule am Kopf, weil Ballywillwill genau dasselbe tun wollte. Irgendwie waren das Pferd und ich im Fallen mit den Köpfen zusammengestoßen.

Daß die Gewinner des Derby Trials traditionsgemäß nie das Derby gewinnen, beunruhigte mich nicht. Ich bin nicht abergläubisch und freute mich, daß Beethoven am Vorabend dieses schweren Wettbewerbs so gut in Form war. Im Derby unterlief mir aber dann ein einziger ganz dummer Fehler: Beethoven landete mitten im Wassergraben, den er zehn Jahre lang fehlerlos gesprungen hatte. Er zog den Sprung trotz aller Bemühungen meinerseits von vornherein nicht richtig an. Schon fünf Galoppsprünge vorher wußte ich, daß wir uns mitten ins Wasser setzen würden, aber ich konnte es nicht ändern. Vielleicht hätte ich ihn mit einem normalen Gebiß besser abschicken können, aber dann hätte er womöglich woanders einen Abwurf gehabt. Bis auf den Fehler am Wasser war Beethoven mit der Hackamore hervorragend gesprungen.

Für mich war Harvey immer der gefährlichste Gegner und am schwierigsten zu schlagen, aber ungefähr einen Monat nach La Baule war es nicht nur schwierig, sondern ganz und gar unmöglich, ihm eine der großen Prüfungen abzunehmen. An diesem Tag in Hickstead gewann er mit dem Springderby sein drittes bedeutendes Springen mit Mattie Brown, wogegen Donald-Rex, der als einziger ebenfalls ins Stechen nach Fehler und Zeit gekommen war, seinen Reiter an jenem fatalen Doppeloxer zum zweitenmal über Kopf gehen ließ.

Ende Oktober, als unsere Turniersaison zu Ende ging, starteten Harvey und ich mit anderen englischen Reitern bei den Hallenturnieren in Amsterdam und Brüssel. Zum Glück

hatte Harveys Rüstung bis dahin einen Riß bekommen. In Amsterdam gewann Anneli Drummond-Hay den Preis für die beste Amazone, ich war bester Reiter und Mister Softee bestes Pferd. Auch Manhattan hatte seinen Anteil beigetragen und mit einem Sprung über die 2 m hohe Mauer das Mächtigkeitsspringen gewonnen.
Als wir heimkamen, begann für Softee und Manhattan die Winterpause. Ich jedoch fuhr mit zwei jungen Pferden, Jeremy und Holy Smoke, nach Wien.
Wir waren zu viert: Caroline Bradley, Ted Edgar, Judy Boulter und ich, aber weder Ted noch ich hatten die besten Pferde dabei. Wir waren alles andere als eine Spitzenmannschaft. Es gelang uns aber trotzdem, den Italienern im Mannschaftswettkampf, der nach Nationenpreisregeln ausgetragen wurde, einen heißen Kampf um ihr Geld zu liefern und ein starkes deutsches Quartett auf den dritten Platz zu verdrängen. Die Italiener wie auch die Deutschen gestanden später ein, daß der Gedanke, von einer derart zweitklassigen englischen Mannschaft geschlagen zu werden, dem Kampf eine unerwartete Brisanz verliehen hätte.
Judy gewann das Amazonenspringen auf Fanny Hill, und Caroline war beste Amazone; aber Ted und ich hatten als beste Plazierung nur einen geteilten zweiten Platz vorzuweisen, und das nicht etwa im Grand Prix oder im Sb, sondern – im Maskenspringen! Als wir nach Wien gereist waren, hatten wir gewußt, daß diese Prüfung im Programm stand, aber wir hatten uns keine Gedanken darüber gemacht, ob wir mitreiten und was wir anziehen sollten. Da Wien die Heimat der Spanischen Reitschule ist, kam uns die Idee, unsere Kostüme von den berühmtesten klassischen Reitern der Welt zu leihen.
Später konnten wir uns nicht mehr erinnern, wer zuerst auf

diesen Gedanken gekommen war, aber ich weiß noch, daß Ted vorschlug, wir sollten zu zweit einreiten. Ich dachte erst, das würde nicht gehen, aber nach einigem Überlegen fand ich auch, daß unser Auftritt dadurch noch viel effektvoller würde. Zu zweit konnten wir das Spiel natürlich perfekter treiben. Wir gingen also zu einem Kostümverleih, ließen uns ausstaffieren und erschienen in ungewohntem Glanz am Start, während vom Plattenspieler die richtige Musik dazu ertönte.

Wir hatten die Hofreitschule einige Tage zuvor besucht und uns das Zeremoniell angesehen; es fiel uns nicht schwer, eine getreuliche, wenn auch leicht überzogene Version davon zu geben, wie die Mitglieder dieses erlauchten Hauses mit großer Geste ihren Zweispitz ziehen. Der Leiter der Schule, Oberst Hans Handler, den man den Dirigenten und die erste Geige ihrer brillanten Quadrille genannt hat, war an jenem Abend unter den Zuschauern, und er soll gesagt haben, daß unser Auftritt für ihn der Höhepunkt der Veranstaltung war.

Wir mußten dann noch eine Runde über Hindernisse springen, die wir nie zuvor erblickt hatten. Den Parcours konnten wir ja nicht abschreiten, weil das Publikum unser Kostüm nicht sehen sollte, bis wir am Start waren. Für unsere Springerei bekamen weder Ted noch ich einen Preis, aber wir erhielten den zweiten Kostümpreis und waren höchst zufrieden. Siegerin wurde eine Wienerin mit einer herrlichen Version von La Dolce Vita – mit langer Zigarettenspitze, üppigen Formen, hochhackigen Stiefelchen und weitgehend sichtbaren bestrumpften Schenkeln. Die Wiener waren von dem Springen begeistert, und ich bin überzeugt, daß diese Idee auch auf der Horse of the Year Show rauschenden Beifall fände.

19

Vergangenheit, Gegenwart und Zukunft

Es hat sich einiges geändert, seit ich mich zum erstenmal mit Wildfire in den Kampf um die lukrativen Preise stürzte – nicht zuletzt die Preise selbst. Dank großzügigen Spendern sind sie wesentlich einträglicher und dadurch noch begehrter geworden.

Ebenso hat sich die British Show Jumping Association geändert, wenn auch vielleicht weniger auffallend, und zwar von einer autokratischen zu einer sehr demokratischen Gesellschaft hin. Auf die verschiedenen Komitees trifft die Beschreibung «alte Miesnuckel» schon längst nicht mehr zu; wir sind vielmehr ein sehr moderner, für die Zukunft planender Verein mit einer guten Mischung von Verwaltungsleuten und Reitern, älteren mit Erfahrung und jüngeren mit Intuition und einer Menge neuer Ideen. Die patriarchalische Oberherrschaft der «Obersten», die früher alle Entscheidungen trafen, gehört der Vergangenheit an.

Ende 1968 wurde ich ins Selektionskomitee gewählt, was mich sehr gefreut hat, denn die Arbeit, die wir leisten, und die Probleme, die wir besprechen, betreffen Dinge, die mir am meisten am Herzen liegen. Ende 1970 wurde ich außerdem Mitglied des Exekutivausschusses, zu dem auch George Hobbs und Anneli Drummond-Hay gehören. Anneli und George sind auch im Selektionskomitee, ebenso Alan Oliver und Peter Robeson, wodurch die aktiven Reiter recht gut vertreten sind.

Die Erfahrung hat gezeigt, daß eine Menge Ideen, die aus den Reihen der Aktiven kommen, sich als sehr nützlich erweisen können. Wer selbst Springpferde reitet, weiß, wovon er spricht, jedenfalls soweit es die Pferde betrifft. Wir wissen, was man von ihnen verlangen kann und was nicht. Die älteren, selbst nicht reitenden Mitglieder des Komitees sind immer bereit, sich unsere Ansichten anzuhören – dadurch ist der Verein ja auch um so vieles demokratischer geworden –, und das Ganze funktioniert erstaunlich gut. Ich bin bei meinen zwei Komitees gern gesehen, und man hört mir bereitwillig zu, wenn ich etwas zu sagen habe, was ziemlich häufig vorkommt.
Auch die Parcours haben sich seit Ende der fünfziger Jahre geändert. Früher lag die Betonung auf Steilsprüngen, heute auf Weitsprüngen, aber da diese Dinge in Zyklen zu kommen und zu gehen pflegen, kann sich das leicht auch wieder ändern. Es ist kein Grund vorhanden, warum die schmalen Steilsprünge, über die ich als Junge mit meinen Ponys turnte, nicht wiederkommen sollten. Man muß sie viel besser anreiten als breite Oxer, und die Pferde müssen viel sorgfältiger und besser ausgebildet sein. Ich bin ziemlich sicher, daß ein Steilsprung von 1,50 m bei der Royal International heute für die meisten Pferde zu einer argen Klippe würde.
Vor allem aber müssen wir an die Pferde denken – wo man sie findet, wie man sie gesund und in guter Form hält, wie man verhindert, daß die besten ins Ausland verkauft werden. Es versteht sich von selbst, wie absolut abhängig wir von den Pferden sind – und von ihren Besitzern. Da es keine Organisation gibt, die überseeische Käufer daran hindert, unsere besten Pferde mitzunehmen, können wir uns nur auf Einzelinitiative verlassen. Ich würde es begrüßen, wenn

man die Leistungen der Besitzer etwas mehr hervorheben würde. So könnte man zum Beispiel Pferde, die große Prüfungen wie etwa den King's Cup gewonnen haben, zur Siegerehrung von ihren Besitzern hereinführen lassen; das wäre sicher keine schlechte Idee. Das ist einer der Punkte, auf die ich im Komitee immer wieder zurückkomme.

Eine andere Hauptsorge von mir gilt der gegenwärtigen Manie, fast alle Springen nach Fehler und Zeit zu richten, was meiner Ansicht nach auf junge Pferde gar keine guten Auswirkungen hat. Ich würde diese Raserei in Anfängerspringen liebend gern abschießen, damit die Pferde Gelegenheit erhalten, erst einmal springen zu lernen. Wenn sie vom Start weg gegen die Uhr galoppieren müssen, werden sie über den Sprüngen flach, statt daß sie lernen, aus der Hinterhand zu springen und den Rücken rund zu machen. Deshalb bin ich auch für Mächtigkeitsspringen mit Höhen von 1,90 m bis 2,00 m, bei denen nur das Springen zählt.

Auf diesem Weg kämen wir vielleicht wieder zu guten Pferden. 1971 wurde die Reihe unserer Spitzenpferde merklich dünner; die großen Pferde der sechziger Jahre – Stroller, Mister Softee, Firecrest, O'Malley und Merely-a-Monarch – wurden nach und nach vom Turniersport zurückgezogen. Sie sind keineswegs leicht zu ersetzen. Ich selbst wäre nur zu froh, einen zweiten Mister Softee oder Sunsalve zu finden.

20

Aus der Geschichte des Springreitens

Olympische Spiele

London 1948

Mannschaftswertung:
1. Mexiko (Humberto Mariles Cortes/Arete, Ruben Uriza/ Hatvey, Alberto Valdes/Chihuchoc) 34¼ Punkte
2. Spanien (Jaime Garcia Cruz/Bizarro, Navarro Morenes/ Quorum, M. Ponce de León/Farajido) 56½ Punkte
3. Großbritannien (Harry Llewellyn/Foxhunter, Henry Nicoll/Kilgeddin, Arthur Carr/Monty) 67 Punkte

Die restlichen Mannschaften schieden aus.

Einzelwertung:
1. Humberto Mariles Cortes (Mexiko) mit Arete
2. Ruben Uriza (Mexiko) mit Hatvey
3. Jean François d'Orgeix (Frankreich) mit Sucre de Pomme

Helsinki 1952

Mannschaftswertung:
1. Großbritannien (Harry Llewellyn/Foxhunter, Wilf White/Nizefela, Douglas Stewart/Aherlow) 40¾ Punkte
2. Chile (Oscar Christi/Bambi, C. Mendoza/Pillan, Ricardo Echeverria/Lindo Peal) 45¾ Punkte

3. USA (Arthur McCashin/Miss Budweiser, Bill Steinkraus/Hollandia, John Russell/Democrat) 52½ Punkte
4. Brasilien 56½ Punkte
5. Frankreich 59 Punkte
6. Deutschland 60 Punkte

Einzelwertung:
1. Pierre Jonquères d'Oriola (Frankreich) mit Ali Baba
2. Oscar Christi (Chile) mit Bambi
3. Fritz Thiedemann (Deutschland) mit Meteor

Stockholm 1956

Mannschaftswertung:
1. Deutschland (Fritz Thiedemann/Meteor, Hans Günter Winkler/Halla, Alfons Lütke-Westhues/Ala) 40 Punkte
2. Italien (Raimondo d'Inzeo/Merano, Piero d'Inzeo/Uruguay, Salvatore Oppes/Pagoro) 66 Punkte
3. Großbritannien (Pat Smythe/Flanagan, Wilf White/Nizefela, Peter Robeson/Scorchin) 69 Punkte
4. Argentinien 99½ Punkte
5. USA 104¼ Punkte
6. Spanien 117¼ Punkte

Einzelwertung:
1. Hans Günter Winkler (Deutschland) mit Halla
2. Raimondo d'Inzeo (Italien) mit Merano
3. Piero d'Inzeo (Italien) mit Uruguay

Rom 1960

Mannschaftswertung:
1. Deutschland (Hans Günter Winkler/Halla, Fritz Thiedemann/Meteor, Alwin Schockemöhle/Ferdl) 46½ Punkte

2. USA (Bill Steinkraus/Ksar d'Esprit, Frank Chapot/ Trail Guide, George Morris/Sinjon) 66 Punkte
3. Italien (Raimondo d'Inzeo/Posillipo, Piero d'Inzeo/The Rock, Antonio Oppes/The Scholar) 80½ Punkte
4. Vereinigte Arabische Republik 135½ Punkte
5. Frankreich 168¾ Punkte
6. Rumänien 175 Punkte

Einzelwertung:
1. Raimondo d'Inzeo (Italien) mit Posillipo
2. Piero d'Inzeo (Italien) mit The Rock
3. David Broome (Großbritannien) mit Sunsalve

Tokio 1964

Mannschaftswertung:
1. Deutschland (Hermann Schridde/Dozent, Kurt Jarasinski/Torro, Hans Günter Winkler/Fidelitas) 68½ Punkte
2. Frankreich (Pierre Jonquères d'Oriola/Lutteur B, Janou Lefebvre/Kenavo, Guy Lefrant/Monsieur de Littry 77¾ Punkte
3. Italien (Piero d'Inzeo/Sunbeam, Raimondo d'Inzeo/ Posillipo, Graziano Mancinelli/Rockette) 88½ Punkte
4. Großbritannien 97¼ Punkte
5. Argentinien 101 Punkte
6. USA 107 Punkte

Einzelwertung:
1. Pierre Jonquères d'Oriola (Frankreich) mit Lutteur B
2. Hermann Schridde (Deutschland) mit Dozent
3. Peter Robeson (Großbritannien) mit Firecrest

Mexiko 1968

Mannschaftswertung:

1. Kanada (Jim Day/Canadian Club, Jimmy Elder/The Immigrant, Tommy Gayford/Big Dee) 102¾ Punkte
2. Frankreich (Marcel Rozier/Quo Vadis B, Janou Lefebvre/Rocket, Pierre Jonquères d'Oriola/Nagir) 110½ Punkte
3. Deutschland (Hermann Schridde/Dozent, Alwin Schockemöhle/Donald-Rex, Hans Günter Winkler/Enigk) 117¼ Punkte
4. USA 117½ Punkte
5. Italien 129¼ Punkte
6. Schweiz 136¾ Punkte

Einzelwertung:

1. Bill Steinkraus (USA) mit Snowbound
2. Marion Coakes (Großbritannien) mit Stroller
3. David Broome (Großbritannien) mit Mister Softee

München 1972

Mannschaftswertung:

1. Deutschland (Fritz Ligges/Robin, Gerhard Wiltfang/Askan, Hartwig Steenken/Simona, Hans Günter Winkler/Torphy) 32 Punkte
2. USA (Neal Shapiro/Sloopy, Kathy Kusner/Fleet Apple, Frank Chapot/White Lightning, William Steinkraus/Main Spring) 32¼ Punkte
3. Italien (Vittorio Orlandi/Fulmer Feather Duster, Graziano Mancinelli/Ambassador, Raimondo d'Inzeo/Fiorello, Piero d'Inzeo/Easter Light) 48 Punkte
4. Großbritannien 51 Punkte

5. Schweiz 61 ¼ Punkte
6. Kanada 64 Punkte

Einzelwertung:
1. Graziano Mancinelli (Italien) mit Ambassador
2. Ann Moore (Großbritannien) mit Psalm
3. Neal Shapiro (USA) mit Sloopy

Weltmeisterschaften

1953 Francisco Goyoaga (Spanien) mit Quorum
1954 Hans Günter Winkler (Deutschland) mit Halla
1955 Hans Günter Winkler (Deutschland) mit Halla
1956 Raimondo d'Inzeo (Italien) mit Merano
1960 Raimondo d'Inzeo (Italien) mit Gowran Girl
1966 Pierre Jonquères d'Oriola (Frankreich) mit Pomone
1970 David Broome (Großbritannien) mit Beethoven

Europameisterschaften der Springreiter

1957 Hans Günter Winkler (Deutschland) mit Sonnenglanz
1958 Fritz Thiedemann (Deutschland) mit Meteor
1959 Piero d'Inzeo (Italien) mit Uruguay
1960 nicht ausgetragen
1961 David Broome (Großbritannien) mit Sunsalve
1962 David Barker (Großbritannien) mit Mister Softee
1963 Graziano Mancinelli (Italien) mit Rockette
1964 nicht ausgetragen
1965 Hermann Schridde (Deutschland) mit Dozent
1966 Nelson Pessoa (Brasilien) mit Gran Geste

1967 David Broome (Großbritannien) mit Mister Softee
1968 nicht ausgetragen
1969 David Broome (Großbritannien) mit Mister Softee
1970 nicht ausgetragen
1971 Hartwig Steenken (Deutschland) mit Simona
1972 nicht ausgetragen

Europameisterschaften der Springreiterinnen

1957 Pat Smythe (Großbritannien) mit Flanagan
1958 Giulia Serventi (Italien) mit Doly
1959 Ann Townsend (Großbritannien) mit Bandit
1960 Sue Cohen (Großbritannien) mit Clare Castle
1961 Pat Smythe (Großbritannien) mit Flanagan
1962 Pat Smythe (Großbritannien) mit Flanagan
1963 Pat Smythe (Großbritannien) mit Flanagan
1964 nicht ausgetragen
1965 Weltmeisterschaft: Marion Coakes (Großbritannien) mit Stroller
1966 Janou Lefebvre (Frankreich) mit Kenavo
1967 Kathy Kusner (USA) mit Untouchable
1968 Anneli Drummond-Hay (Großbritannien) mit Merely-a-Monarch
1969 Iris Kellett (Irland) mit Morning Light
1970 Weltmeisterschaft: Janou Lefebvre (Frankreich) mit Rocket
1971 Ann Moore (Großbritannien) mit Psalm
1972 nicht ausgetragen

President's Cup

(Mannschafts-Weltmeisterschaft mit Punktwertung aus Nationenpreis-Wettbewerben)

1965	1.	Großbritannien
	2.	Deutschland
1966	1.	USA
	2.	Spanien
1967	1.	Großbritannien
	2.	Deutschland
1968	1.	USA
	2.	Großbritannien
1969	1.	Deutschland
	2.	Großbritannien
1970	1.	Großbritannien
	2.	Deutschland
1971	1.	Deutschland
	2.	Großbritannien
1972	1.	Großbritannien
	2.	Deutschland